¿QUÉ ENOJÓ A JESÚS?

ELOGIOS PARA
¿QUÉ ENOJÓ A JESÚS?

«¿Está usted molesto con la religión? Jesús también lo estaba. ¿Está usted cansado de las personas que van a la iglesia para señalar a los demás. Jesús también lo estaba. ¿Está usted saturado de las personas que dicen ser temerosas de Dios cuando en verdad se comportan como personas odiosas? Jesús también lo estaba. Este libro lleno de perspicacia le invita a explorar la indignación de Cristo que tantas veces se pasa por alto. Prepárese porque recibirá convicción, instrucción y aliento».

—MAX LUCADO, PASTOR Y AUTOR *BEST SELLER* DEL *NEW YORK TIMES*

«Demasiados cristianos han hecho la vista gorda a las historias y las prácticas que enojaban a Jesús. En este libro, *¿Qué enojó a Jesús?*, Tim Harlow nos da pasos prácticos para vivir una vida que verdaderamente refleja a Jesús. Este libro nos abre los ojos a lo que sucede en el cristianismo de hoy, específicamente aquello que fallamos en entender acerca de Jesús. Si usted está confundido, frustrado o tan solo enojado acerca de lo que pasa a su alrededor, este libro es para usted».

—CRAIG GROESCHEL, PASTOR PRINCIPAL DE LIFE.CHURCH Y
AUTOR *BEST SELLER* DEL *NEW YORK TIMES*

«Este libro es alentador, honesto y significativo. El enojo es una emoción poderosa necesaria para producir cambios, provocar un deseo profundo, y arder por la justicia en este mundo. ¡Con razón Jesús se enojó! Si hubo alguna vez la oportunidad para explorar este tipo de enojo que puede ayudarnos a confrontar el mal, derrocar la injusticia, y corregir las cosas que están mal en la tierra, es ahora. Yo creo que Tim puso su dedo sobre una importante fuente de inspiración para este tiempo. ¡Qué la ira justa de Jesús nos impulse hacia las acciones que empoderan!».

—DANIELLE STRICKLAND, CONFERENCIANTE, AUTORA Y
DEFENSORA DE LA JUSTICIA SOCIAL

«Debido a mi ajetreada agenda de trabajo había planeado hacer una lectura rápida de *¿Qué enojó a Jesús?*, pero el título del libro me fascinó tanto, y el contenido era tan cautivante, que por varios días descuidé mi trabajo para poder terminar de leerlo. Realmente creo con todo el corazón que este libro es para toda la iglesia de Cristo: hombres y mujeres, jóvenes y ancianos, como también todas las denominaciones».

—Brian «Head» Welch, cofundador de la banda Korn, autor *best seller* del *New York Times* del libro *Save Me from Myself* y coestrella de la película *Showtime Loud Krazy Love*

«Al empezar a leer *¿Qué enojó a Jesús?*, no esperé ver destellos de mí mismo en las personas que enojaban a Jesús. Tache eso, estaba sorprendido de ver lo mucho de mí en aquellos que frustraban a Jesús. Afortunadamente, Tim Harlow prefiere ayudarnos a amar bien a los demás que regañarnos. Prepárese para bajar la lupa, mirar en el espejo y amar como Jesús, a pesar de los críticos».

—Wilfredo «Choco» De Jesús, autor y pastor de New Life Covenant en Chicago

«Tim Harlow ha dado en el clavo. Demasiados cristianos han hecho la vista gorda a las historias y las prácticas que en verdad hicieron a Jesús enojar con la iglesia. Felizmente, en este libro, Tim nos muestra cómo un verdadero seguidor de Cristo debe ser».

—Mark Batterson, pastor principal de National Community Church y autor *best seller* del *New York Times* del libro *El hacedor de círculos*

«Tim Harlow ha escrito un libro que hace la pregunta provocativa acerca de qué hace enojar a Jesús. La respuesta breve es: nosotros. Al menos, aquellos de nosotros que decimos seguirlo, pero muy a menudo no entendemos de qué se trata. La respuesta larga es: usted debe leer este libro, y entonces tendrá una mejor oportunidad para vivir de tal manera que produzca sonrisas en muchos rostros, incluyendo el Rostro que más importa».

—John Ortberg, autor y pastor

«Solo un hombre con toda una vida de experiencia como pastor puede tener la perspicacia para escribir un libro que desafía al pueblo de Dios a reflexionar acerca de qué hizo enojar a Jesús. Tim Harlow es ese hombre. Le recomiendo a leer *¿Qué enojó a Jesús?*, y prepárese para ser desafiado».

—Alan Robertson, autor y predicador/cazador de patos

«Siempre me he preguntado si hubiera estado del lado correcto de la historia si yo hubiera vivido en el tiempo de Jesús. ¿Me habría puesto del lado de Jesús o los líderes religiosos que acabaron matándolo cuando vino? Cuando Tim Harlow hace esta pregunta me hace sentir aún más incómodo, y es precisamente por eso que usted debería leer este libro. En su libro *¿Qué enojó a Jesús?*, Tim no retiene nada, sino que hace relucir las cosas que enojaron a Jesús y hace un paralelo al tiempo presente de la iglesia. A través del libro, Tim nos presenta pasos prácticos para vivir una vida que verdaderamente refleja a Jesús. Tim es un guía excelente para el viaje que los cristianos y la iglesia de hoy deben hacer».

—CAREY NIEUWHOF, AUTOR Y PASTOR
FUNDADOR DE CONNEXUS CHURCH

«¡Este libro me encantó! Tim Harlow revela la vergüenza que merece la hipocresía, el legalismo y la arrogancia de la iglesia, y por qué aquellos de nosotros que hacemos lo mejor para amar como amó Jesús podemos tan fácilmente y sin darnos cuenta errar el blanco. Pero Tim, como alguien que mira desde adentro con compasión, nos provee con barandas protectoras prácticas y una solución bíblica para vivir genuinamente en el amor de Dios. ¿Cómo? Sorprendentemente, por ver exactamente lo que hacía enojar a Jesús. Este libro provocador es para todos aquellos que están dedicados a seguir el ejemplo del amor de Cristo, y para todos los que se les hace difícil seguir a Jesús porque han visto a demasiados seguidores de Cristo que dejan mucho por desear».

—LES PARROT, PH.D., SICÓLOGO Y AUTOR DE
UN AMOR COMO ESE: 5 SECRETOS RELACIONALES DADOS POR JESÚS

«Este libro no es acerca de la ira. Es uno lleno de humor, escrituras, un tratado superfácil de leer acerca de la honestidad, el amor y la importancia de ser verdadero delante de Dios. Recomiendo altamente este libro a los estudiantes universitarios recuperándose de los grupos de jóvenes de la iglesia que solo enseñan una lección: "Ciérrate la cremallera del pantalón". Y también para todos los que van a la iglesia y cualquiera que desee conocer a Jesús».

—SARAH SUMNER, PH.D., AUTORA DE *ANGRY LIKE JESUS:
USING HIS EXAMPLE TO SPARK YOUR MORAL COURAGE*

«En su libro *¿Qué enojó a Jesús?*, Tim va directamente al corazón del legalismo y nos recuerda que nuestra misión y mandato es hacer que la gente entre, no mantenerla alejada. Quizás algunas de las cosas en este libro *lo* harán enojar, pero debería leerlo y preguntarse: "¿Mi vida y mis valores reflejan la vida y los valores de Jesús?"».

—ED STETZER, AUTOR DE *CHRISTIANS IN THE AGE OF OUTRAGE*

«Para algunas personas podría ser difícil imaginarse a un Jesús enojado, pero los Evangelios están llenos de evidencia que Jesús trató con dureza a cualquier persona o cosa que separara a la gente de su Padre. Esto significa que el libro *¿Qué enojó a Jesús?* no es una reflexión liviana acerca de un Salvador diluido. Es un llamado despertador para el siglo veintiuno que nos advierte a cada uno de nosotros a que evitemos de repetir los errores peligrosos del primer siglo».

—DAVE RAMSEY, AUTOR *BEST SELLER* Y
ANFITRIÓN DE UN PROGRAMA NACIONAL DE RADIO

«Tim Harlow ama profundamente a Dios e incansablemente a la gente. Más allá de sus errores, por quién votó, o si no es un aficionado de los Bears, Tim le amará. Siempre me pregunté cómo hace para vivir de esta manera, pero felizmente nos enseña cómo hacerlo en su libro *¿Qué enojó a Jesús?* Usted aprenderá qué hizo enojar a Jesús, a quién él ama, y cómo usted puede vivir de la misma manera».

—CALEB KALTENBACH, FUNDADOR DE THE MESSY GRACE GROUP Y
AUTOR DE *MESSY GRACE* Y *GOD OF TOMORROW*

«Con toda certeza Jesús era hijo de su Padre. En sus propias palabras él revela que solo hace lo que ha visto al Padre hacer, y como coherederos en Cristo compartimos el mismo ADN. Si alguna vez usted estuvo frustrado, herido, o hasta enojado con el ministerio, los cristianos, o la iglesia en general, saque número. Jesús también lo estuvo. En este libro, mi amigo Tim explora cómo, en muchas ocasiones, nuestro Cristo del Nuevo Testamento manifestó que había heredado el temperamento de su Padre del Antiguo Testamento. Si de verdad quiere saber qué hacía enojar a Jesús, ¡no deje que nada se interponga en su camino para leer este libro!».

—MONTELL JORDAN, PASTOR, AUTOR,
ARTISTA MULTIPLATINO DE GRABACIÓN

TIM HARLOW

PASTOR PRINCIPAL DE PARKVIEW CHRISTIAN CHURCH

¿QUÉ ENOJÓ A JESÚS?

REDESCUBRA

AL SALVADOR DE LA BIBLIA

DIRECTO, SARCÁSTICO Y APASIONADO

Grupo Nelson
Desde 1798

NASHVILLE   MÉXICO DF.   RÍO DE JANEIRO

A Charlie, Olivia, George, Caleb
y a los nietos que vendrán.
Dedico este libro a su generación, prometiendo
hacer lo mejor para dejarles la iglesia
de una manera que alegre a Jesús.

CONTENIDO

PREFACIO

HE CONOCIDO A TIM HARLOW por mucho tiempo, y
una de las cosas que valoro de él es que es un hombre de convic-
ciones y de una gracia extraordinaria. Esta combinación lo convierte en una de mis personas favoritas cuando se trata de hablar
acerca de Jesús. Él puede desafiar a una persona que se crio en
la iglesia toda su vida para ver a Jesús de una nueva manera, y al
mismo tiempo, cautivar a alguien que nunca estuvo conectado
con la iglesia a examinar al verdadero Jesús. No sé cual de estas
categorías lo define a usted. Si es la primera, este libro le desafiará
y quizás lo ofenda. Si es la última, este libro le hará admirar a
Jesús, aunque usted no esté seguro de querer hacerlo.

Yo me crié aprendiendo sobre Jesús. Pero no fui presentado
con el Jesús que usted conocerá en este libro. En cambio, se me
habló del Jesús del flanelógrafo. El Jesús del flanelógrafo es el
favorito de la iglesia estadounidense porque es suave y contro-
lable. El Jesús del flanelógrafo no se enoja ni le dice cosas que
lo avergüenzan. Con el Jesús del flanelógrafo usted puede evitar
las historias incómodas de Jesús que le hacen rascarse la cabeza y
rápidamente pasarlas de largo.

Después de escuchar las mismas historias del Jesús del flanelógrafo, una y otra vez, comencé a preguntarme: *¿Es este el verdadero Jesús?* Era él una persona amable que da empujoncitos suaves en la dirección correcta? ¿Y siempre abrazando y dando tan solo un golpecito en la mano cuando usted desobedece? Porque así también es como yo describiría a mi abuelita. Pero si Jesús era tan dulce y congenial como mi abuelita, ¿por qué la gente se sentía tan amenazada al punto que lo mataron? Cuando usted deja a un lado los preconceptos acerca del Jesús del franelógrafo y comienza a entender que él era un revolucionario, cambia la manera en que usted vive como su seguidor.

Piense en este libro como una venta de garaje de sus pensamientos religiosos. Tal vez ha llegado el momento de que examine su vida con honestidad, y se deshaga de ciertas tradiciones o interpretaciones heredadas que no reflejan con exactitud la vida de Jesús. Quizás ha llegado el momento de sacrificar algunas vacas sagradas, ponerlas sobre la parrilla y hacer una fiesta, porque Jesús no le llamó a vivir una vida de flanelógrafo. Cada capítulo en este libro le ayudará a superar las cosas religiosas que le han mantenido a usted y a otros alejados de Jesús, pero esto va a requerir una honestidad brutal y un reconocimiento con gran humildad.

A medida que comienza a leer este libro deténgase por un momento y piense si en verdad usted quiere conocer al verdadero Jesús. No solo el Jesús que consuela, sino el Jesús que confronta. No solo el Jesús que enseña, sino el Jesús que se enoja. Si usted está cansado de vivir una versión del cristianismo cómodo y cuidadosamente saneado, entonces le invito a meter sus manos en el desconcierto del evangelio.

El escritor a los hebreos capta la esencia de este libro que usted está por leer: «Preocupémonos los unos por los otros, a fin

de estimularnos al amor y a las buenas obras» (Hebreos 10.24).
La palabra griega para estimularnos significa provocar e irritar.
No es una palabra típicamente utilizada en un contexto positivo.
En este pasaje, cuando menos, nos está llamando a que estemos
dispuestos a incomodarnos unos a otros para que podamos ase-
mejarnos cada vez más a Jesús.

Tal vez haya momentos que una frase o una historia en este libro le irrite, o hasta quizás le ofenda, pero creo que las palabras de
Tim acerca de Jesús le estimularán para vivir una vida que refleje
con más exactitud el corazón de Cristo. Si queremos que la gente
encuentre y siga a Jesús, entonces tenemos que estar dispuestos
a quitar las cosas que impiden que la gente vea a Jesús, aunque
vaya en contra de nuestras prolongadas tradiciones. Escúcheme.
Esto de ninguna manera implica diluir el mensaje, sino vivirlo
fielmente y eliminar todo lo que lo socave. Después de leer este
libro, estoy convencido que no hay nada más importante que hacer nuestro objetivo enojarnos acerca de las cosas que Jesús se
enojó, y estar a favor de las cosas que Jesús favorecía.

Si este es el verdadero deseo de su corazón, entonces creo que
le encantará este libro, aunque no le guste.

Kyle Idleman
AUTOR *BEST SELLER* **DEL LIBRO**
No soy fan y Don't Give Up

INTRODUCCIÓN

Obstaculizar el camino del amor de Dios

«Si Jesús no está feliz…»

TENEMOS UN IMÁN en el refrigerador de la cocina que dice: «Si *mamá* no está feliz… *nadie* estará feliz». Es gracioso, porque todos sabemos que es verdad. Yo quiero hacer uno para la iglesia que diga: «Si *Jesús* no está feliz…».

Estamos muy acostumbrados de que Jesús sea presentado de una manera tan mansa y tierna que podría resultarnos extraño pensar que él pudiera estar descontento con nosotros, ¿verdad? Pero he pasado mucho tiempo leyendo, predicando y enseñando las palabras de Jesús y creo que los pasajes bíblicos impresos en rojo, es decir, las palabras dichas por Jesús, están oportunamente impresas en el rojo del enojo.

Les diré con toda sinceridad cuál es mi posición sobre este asunto: Jesús *era* manso y amoroso. Él fue quien dijo: «Amen a sus enemigos y oren por quienes los persiguen» (Mateo 5.44) y «Vengan a mí todos ustedes que están cansados y agobiados, y yo les daré descanso. Carguen con mi yugo y aprendan de mí, pues yo soy apacible y humilde de corazón» (Mateo 11.28, 29).

Esto se oye muy manso, ¿verdad? ¿Pero qué les parece esto?: «¡Serpientes! ¡Camada de víboras! ¿Cómo escaparán ustedes de la condenación del infierno?» (Mateo 23.33). Si alguien hoy publicara un tuit así, sería algo chocante, ¿no lo cree? ¡Así era Jesús! Aunque era tierno y amoroso a veces sus palabras también podían ser ásperas y duras. Muchas de las cosas que Jesús dijo eran una condenación directa sobre la actitud o el comportamiento de alguien, o una historia para ilustrar esa condenación.

A veces podemos aprender más acerca de una persona por las cosas que *no* le gustan que por aquellas que *sí* le gustan. Cuando usted era niño, ¿alguna vez hizo algo que haya enojado a sus padres? ¿En serio? Y la próxima vez que se sintió tentado a hacerlo de nuevo, ¿titubeó por un momento? Yo recuerdo que una vez insulté a mi papá, y después... nunca más volví a hacerlo. Hasta hoy, no puedo decir cuál es su programa de televisión favorito o el cereal de desayuno que más le gusta, pero sé de un nombre con el cual no quiere ser identificado. Es un recordatorio para mí mismo.

> Podemos aprender más acerca de una persona por las cosas que *no* le gustan que por aquellas que *sí* le gustan.

Para ser claro, el enojo no es malo; *no* es un pecado. Pablo dijo: «Si se enojan, no pequen» (Efesios 4.26). El mismo hermano de Jesús, Santiago, dijo que debemos ser «lentos para enojarnos» (Santiago 1.19), no que *nunca* nos enojemos. Obviamente, lo que hacemos con nuestro enojo puede ser malo. Jesús también habló en contra de eso, cuando nos dijo que con nuestras palabras de odio también podemos asesinar (Mateo 5.21, 22). El odio, la cólera y la ira incontrolada son terribles y son pecaminosas. Pero hay un tipo de enojo que es santo, uno que nos conduce a hacer algo *positivo* acerca de lo *negativo*. Eso es exactamente lo que hizo Jesús con su enojo.

Si usted sabe algo acerca de la vida de Jesús, cuando leyó el título de este libro probablemente pensó en la ocasión en que Jesús expulsó a los cambistas y a los animales del templo. Fue exactamente así. Jesús se enojó e hizo algo positivo con su enojo. No se puso a decir disparates lanzándose sobre ellos como el Increíble Hulk, sino que canalizó su celo de una manera positiva. Sí, es verdad que dio vuelta las mesas y echó a la gente corrupta del templo. Su enojo estaba justificado.

Y haciendo un azote de cuerdas, echó fuera del templo a todos, y las ovejas y los bueyes; y esparció las monedas de los cambistas, y volcó las mesas; y dijo a los que vendían palomas: Quitad de aquí esto, y no hagáis de la casa de mi Padre casa de mercado. (Juan 2.15, 16, rvr1960)

Él hizo un *azote*. *Echó* a todos. *Esparció* las monedas. *Volcó* las mesas. Y les dijo: «¡¿Cómo se atreven?!».

En otras ocasiones Jesús amenazó a la gente con la condenación. A veces habló con los líderes de la iglesia usando fuertes ilustraciones condenatorias. Cuando habló con las personas no usaba la adulación. Él advirtió a las personas que sería mejor que se colgaran una gran piedra al cuello y fueran lanzados al mar (Mateo 18.6). Hasta parece escandaloso, ¿verdad? ¿Pero qué si por el apuro nos estamos perdiendo algo más allá de estos despliegues incómodos de pasión y enojo que Jesús expresó? ¿Y qué si por profundizar estos pasajes de la Escritura llegamos a conocer a un Salvador que es mucho más de lo que imaginábamos?

Este es un experimento que usted puede hacer: trate de leer los evangelios únicamente en los lugares donde Jesús habla en los pasajes en rojo. Es posible que usted se sorprenda por su franqueza y emoción.

¿Qué enojó a Jesús?

En cada instancia de la Escritura cuando Jesús expresó su enojo, las emociones más crudas, el cerillo que encendía su mecha era: *No obstaculicen el camino hacia el amor de Dios.*

Piénselo de este modo: Jesús vino a dar a su pueblo acceso directo al Padre, así como se demostró con el velo del templo que se rasgó en la crucifixión (Mateo 27.51). Mucha gente pasa por alto este enorme simbolismo que ocurrió durante la crucifixión. El área detrás del velo era el lugar santísimo donde moraba Dios y a este lugar solo podía acceder el sumo sacerdote una vez al año. Era en el lugar santísimo donde, antes de entrar, le ataban literalmente al sacerdote una cuerda con una campanilla alrededor del tobillo para sacarlo en caso de que tuviera un ataque cardíaco al entrar en contacto con el Creador del universo. Si dejaban de escuchar la campanilla, lo sacaban con la cuerda.

A nadie jamás se le permitía entrar a ese lugar. Dios lo estableció así porque, aunque él quería que su pueblo supiera cuánto deseaba una relación directa con ellos, existía una brecha muy profunda que dividía la pecaminosidad del hombre de su santidad. Él los estaba preparando para un salvador.

En la crucifixión, el velo se rasgó en dos «de arriba abajo» (Mateo 27.51). Esta fue la manera que Dios nos mostró que la misión de Jesús se completó.

Porque tanto amó Dios al mundo que dio a su Hijo unigénito,
para que todo el que cree en él no se pierda, sino que tenga
vida eterna. Dios no envió a su Hijo al mundo para condenar
al mundo, sino para salvarlo por medio de él. (Juan 3.16, 17)

Todo lo que Jesús vino a realizar tuvo que ver con reunir al
Padre con sus hijos. Por tanto, si el propósito de Jesús en la tierra era acerca del acceso al Padre, entonces sigue lógicamente
el hecho de que Jesús más se enojaba cuando la gente creaba
obstáculos a ese acceso.

Hay tres instancias obvias al enojo de Jesús en respuesta a las
barreras que la gente ponía:

1. En el templo, donde los cambistas cerraban literalmente el acceso al Padre, especialmente para los que
   no eran judíos y a los pobres.
2. Cuando él enseñaba y se les impedía el acceso a los
   niños.
3. El día de reposo, cuando los líderes religiosos dieron más prioridad a las reglas que a las relaciones y
   ponían al sufrimiento por encima de la sanidad.

Hay muchas otras ocasiones en que el lenguaje de Jesús parece expresarse con enojo. Quiero decir, es difícil llamar a alguien
«un hijo del infierno» (Mateo 23.15, rvr1960) con una sonrisa en
la cara. Adelante, inténtelo.

¿Alguna vez se dio cuenta a quién Jesús dirigía más seguido
su enojo? Era a los religiosos de su época. Bueno, a los *líderes*
religiosos del pueblo. Hoy, esto se refiere a mí, ¿de acuerdo? Él
estaba enojado con las personas que supuestamente hablaban de

parte de Dios. Él estaba enojado porque ellos bloqueaban a los más pequeños para que no se acercaran a él: niños, no judíos, mujeres, cobradores de impuestos, prostitutas y pecadores. Decían: No. Acceso denegado.

Es muy fácil que la iglesia de hoy caiga en el mismo mal comportamiento que exhibían los fariseos, saduceos y los maestros religiosos en los días de Jesús. Pero nosotros tenemos menos excusa de bloquear el acceso al amor del Padre porque deberíamos haber aprendido del ejemplo de Jesús. Lo que me lleva a pensar qué diría Jesús si viniera a mi iglesia y observara la manera en que ayudamos a las personas a conectarse con el amor del Padre, o a negarles ese amor, como fuera el caso. ¿Se agradaría Jesús de mi iglesia? ¿Concurriría él a mi iglesia?

Créame que no necesito ese tipo de presión. Pero la pregunta invita a la reflexión, ¿verdad? Si Jesús estaba enojado con la iglesia que encontró en los días bíblicos, ¿saldríamos nosotros mejor parados? Ellos seguían su interpretación de la Palabra de Dios, así como nosotros. Claro que, antes de que llegara Jesús, habían pasado cuatrocientos años desde que alguien escuchara de parte de Dios (Malaquías) y el Antiguo Testamento había quedado expuesto a una gran cantidad de confusión con todas sus reglas y mandamientos. Pero ya han transcurrido dos mil años desde que Jesús habló y no puedo evitar preguntarme hasta dónde se ha desviado la iglesia actual.

Quiero ser honesto con usted al comenzar juntos este viaje. Santiago dijo: «Hermanos míos, no pretendan muchos de ustedes ser maestros, pues, como saben, seremos juzgados con más severidad» (Santiago 3.1). Este versículo me da ganas de jubilarme o al menos de vomitar. Por tanto, permítame dejarlo en libertad aquí y ahora. Estoy escribiendo este libro para mí mismo y para los líderes de la iglesia que han errado el blanco durante los últimos dos mil años. La mayoría de nosotros tenemos un buen corazón, pero muchos somos exactamente como aquellos a quienes fueron dirigidas las letras en rojo.

¿Qué irritaba a Jesús?

¿Qué era lo que hacía irritar a Jesús? Los falsos religiosos, los jueces arrogantes, los legalistas injustos y los hipócritas. ¡A mí también me irritan! Hasta el momento en que me examino a mí mismo y me doy cuenta de que mi atracción gravitacional me desvía naturalmente en esa dirección. La verdadera tragedia de esta inclinación que todos tenemos de apartarnos del corazón de Dios es lo que hace en aquellos que han sido encauzados a creer que Jesús no los quiere tener cerca o que el legalismo, el juicio y la hipocresía de la iglesia es la culpa de Jesús, cuando nada podría estar más lejos de la verdad. Todo lo que Jesús quiso para ellos, para mí y para todos nosotros, es que regresemos a casa.

En la película *Gladiador*, el protagonista central, Máximo, dice: «Cesar tuvo una visión de cómo se suponía que Roma debía ser, y esto no lo es».[1] Así como Máximo, yo creo que Jesús tuvo una visión de cómo se suponía que la iglesia debía ser, y muchas veces, donde hemos llegado, no lo es.

Los padres de mi amigo Caleb se separaron cuando él era muy joven y fue criado viviendo con su mamá y su compañera lesbiana. Cuando creció, se convirtió en un seguidor de Jesús, pero con una perspectiva diferente debido a cómo fue criado durante su vida. He conocido a Caleb por años. Los dos compartimos el mismo sentir por Jesús y por aquellos que están lejos de él. Hemos hablado largo y tendido acerca de cómo las acciones, la amargura y aun el odio de algunos cristianos ha alejado a la gente de Jesús. Caleb ha predicado en mi iglesia y he conducido entrevistas con él, pero fui conmovido particularmente por una historia que me contó que ilustraba este fenómeno:

Algunos cristianos se sorprenden cuando les digo que desfilé en las marchas del orgullo gay con mi mamá y su compañera, Vera. Inevitablemente, hay alguien que enseguida me pregunta si he visto algo inapropiado durante las marchas. Les digo que recuerdo haber desfilado en una marcha cuando tenía nueve años y ver cosas inapropiadas... pero probablemente no eran los actos inapropiados a los que ellos se referían.

Cuando llegamos a la marcha, recuerdo la amabilidad de los otros participantes del desfile. Me preguntaron cuántos años tenía, qué quería ser cuando creciera y hasta me ofrecieron agua durante la marcha. Las carrozas, la vestimenta y los carteles eran coloridos. El brillo de los colores coincidía con la actitud de aquellos en el desfile. También había música, risas, baile y parecía una fiesta muy divertida.

A medida que avanzaba el desfile, se veía cada vez más gente alineándose sobre las aceras para apoyarlo. En algún momento, alguien me dio un cartel para llevar que comparaba a los pastores fundamentalistas con los Nazis. Me sentí importante, porque cuando levantaba el cartel la gente en las aceras aplaudía y me alentaba a seguir haciéndolo.

Y aunque había unas pocas personas haciendo insinuaciones sexuales en algunas de las carrozas, lo más inapropiado que vi ese día ocurrió al final del desfile. Había unos supuestos cristianos levantando carteles que decían: «Dios odia a los maricas» y «No hay lugar para ti». Y si eso no fuera lo suficientemente insultante, cuando la gente del desfile se acercaba para hablar con ellos, los rociaban con agua y orina.

Los que eran rociados les gritaban a los cristianos: «¡¿Por qué nos tratan así?!».

Yo estaba horrorizado. Le pregunté a mi mamá y a Vera por qué los cristianos actuaban de esa manera. Mi mamá me miró y me dijo: «Caleb, son cristianos, y los cristianos odian a la gente gay. Si no eres como ellos, ellos no se agradarán de ti».

Por tanto, cuando me preguntaban si había visto algo inapropiado durante las marchas, les decía: «Con toda certeza. El comportamiento de los cristianos al final de la marcha era tan inapropiado que me llevó a despreciar a todos los cristianos suponiendo que, si los seguidores de Jesús eran así de crueles, también él debería ser espantoso».[2]

¿Es verdad que los cristianos odian a las personas gay? Se supone que los cristianos no deben odiar a nadie. Jesús dijo que odiar es igual al asesinato (Mateo 5.21, 22). Por tanto, esto es algo muy fácil de responder. No existe planeta en donde rociar a una persona con orina pueda reconciliarse con amar al prójimo como a ti mismo (Mateo 22.39). Y aunque este es un ejemplo extremo, todos sabemos de otras instancias similares.

A través de la historia, muchos han tratado de regresar el reino a la visión de Jesús. Charles Dickens intentó hacerlo en *Un cuento de Navidad*. Scrooge se queja con el segundo espíritu acerca de las cosas hechas en «su» (el reino sobrenatural de Dios) nombre. El espíritu baja su tono y le dice: «En esta tierra tuya hay algunos que pretenden conocernos y que cometen sus actos de pasión, orgullo, mala voluntad, odio, envidia, beatería y egoísmo en nuestro nombre … Recuerda esto y échales la culpa a ellos, no a nosotros».[3]

¡Ay! Qué fácil es alejarse de cómo se supone que deben ser las cosas. Nosotros, que decimos conocer a Jesús y hacemos cosas en su nombre, debemos ser extraños para él. La increíble ironía es que, a menudo, mostramos las mismas acciones y motivos que causaron un aumento en la presión sanguínea de Jesús. Nosotros, que hoy decimos conocer a su Padre, también estamos entendiendo erróneamente. El mundo a nuestro alrededor no tiene ningún problema con Jesús, el problema lo tiene con sus seguidores.

David Kinnaman del Barna Group realizó un proyecto de investigación con la meta de evaluar a las personas que se identificaban a sí mismas como cristianas, para determinar si sus actitudes y acciones hacia otras personas eran como las de Jesús, o como de los fariseos. Él dijo: «Nuestra intención fue crear una nueva discusión sobre los aspectos intangibles de seguir y representar a Jesús». Ellos trataron de identificar las cualidades de Jesús, tales como la empatía, el amor, la fe, o «la resistencia a tales ideales en la forma de una hipocresía centrada en uno mismo».

¿Le parece curioso? Él halló que el cincuenta y uno por ciento de los cristianos se sentían más identificados con los fariseos, mientras que solo el catorce por ciento (uno de cada siete) parecían representar las acciones y las actitudes similares a Jesús, según lo identificó el Barna Group.[4]

Hay una pegatina para paragolpes que sarcásticamente dice: «Señor, guárdame de tus seguidores». Piénselo. Jesús pudo haber tenido el mismo adhesivo: «YHWH, guárdame de tus seguidores». Aunque no hubiera importado porque los seguidores de Dios terminaron matándolo.

Sí, estos fueron los miembros de la iglesia de Dios que gritaban: «¡Crucifíquenlo!».

Eran los miembros de la iglesia convencidos por sus líderes para que rechacen a Jesús y su absurda idea de que el amor de Dios es para todos. Jesús sabía que iba a ocurrir y mientras estuvo colgado sobre la cruz le pidió a Dios que los perdonara. Pero creo que a veces las actitudes de ellos pueden haberlo irritado profundamente.

Felizmente, cuando Jesús resucitó de la muerte muchas de estas mismas personas rechazaron el rechazo de sus iglesias hacia él y regresaron para seguirlo y encontraron la verdad. Lucas nos dice que el cristianismo se extendió como la pólvora (Hechos 2.47), aun bajo la amenaza de gran persecución. Porque una vez que lograron entender el principio de tener acceso a Dios y vivir en la gracia, esto les encantó.

Lo que digo es que, si usted o uno de sus amigos están teniendo dificultades para seguir a Jesús y tener una relación con el Padre celestial a causa de que sus seguidores lo han representado mal, aún hay esperanza de que las cosas cambien.

Acceso concedido

Uno de mis mejores amigos quedó parapléjico a causa de un accidente cuando tenía diecinueve años. Por más de veinte años ha sido mi compañero en el crecimiento de una iglesia que ayuda a la gente a encontrar su relación con el Padre celestial. Lonnie es una persona sorprendente. Hasta que uno no se acerque a la persona, es difícil comprender realmente cómo es la vida para alguien que no puede usar las piernas. Había tantas cosas de las que no me daba cuenta.

Cuando Lonnie se unió a nosotros, él conducía un automóvil con controles manuales. Pero para entrar al vehículo él tenía que acercar su silla de ruedas por el lado del pasajero, correrse al asiento, desarmar la silla de ruedas, colocarla en el asiento trasero y luego deslizarse al asiento del conductor. Esto lo hacía varias veces al día. Ahora tiene una furgoneta, pero aun así no es tan fácil como parece. De hecho, no fue hasta que viajamos juntos y compartimos la habitación en un hotel que obtuve una clara perspectiva de lo que tiene que hacer solo para lograr aquellas cosas que nosotros hacemos y damos por sentado todos los días.

Se dice que uno nunca llega a entender verdaderamente a una persona hasta que se pone en sus zapatos. Caminar con Lonnie, o rodar con Lonnie en su silla de ruedas, ha cambiado mi perspectiva y me hace estar agradecido por los muchos espacios de estacionamiento que hay frente a los comercios para personas con discapacidad. Yo estoy totalmente de acuerdo con la Ley de Estadounidenses con Discapacidad que requiere que los espacios públicos sean accesibles a todos. Y eso es lo que también queremos espiritualmente para todas las personas.

Si usted está leyendo este libro y está confundido o disgustado porque la iglesia lo abandonó o fue herido por uno de sus muchos hipócritas, siga leyendo. Jesús quiere que usted sepa que esa no es la forma como él quiere que sean las cosas.

Si usted es un cristiano que busca seguir fielmente al Señor, pero está luchando para hacerlo, vamos a mirar con una nueva perspectiva las actitudes que enojaron a Jesús y veremos si podemos encaminar las cosas en la dirección correcta. Si podemos aprender o volver a aprender cómo es el corazón de Jesús, podríamos interpretar un papel más efectivo en cumplir la meta del Señor.

Por tanto, sin importar cuál sea su trasfondo, estudiemos juntos la Escritura para conocer al Salvador que fue directo, a veces sarcástico y salvajemente apasionado para que las personas tengan acceso al Padre.

CAPÍTULO 1

CUANDO LOS ENTENDIDOS OBSTACULIZAN EL CAMINO

Volcar las mesas

Llegaron, pues, a Jerusalén. Jesús entró en el templo y comenzó a echar de allí a los que compraban y vendían. Volcó las mesas de los que cambiaban dinero y los puestos de los que vendían palomas, y no permitía que nadie atravesara el templo llevando mercancías. También les enseñaba con estas palabras: «¿No está escrito: "Mi casa será llamada casa de oración para todas las naciones"? Pero ustedes la han convertido en "cueva de ladrones"».

Los jefes de los sacerdotes y los maestros de la ley lo oyeron y comenzaron a buscar la manera de matarlo, pues le temían, ya que toda la gente se maravillaba de sus enseñanzas.

(MARCOS 11.15-18)

UN LUGAR LÓGICO PARA EMPEZAR con el estudio acerca del enojo de Jesús sería el incidente cuando volcó las mesas y echó afuera a los que cambiaban el dinero en el templo. ¿Cómo no empezar aquí? Además, este famoso pasaje que muestra el enojo de Jesús ilustra con claridad el punto de acceso denegado. Pero tal vez tengamos que profundizar un poco más de lo que aprendió en el pasado.

Hay muchas maneras de interpretar algo, especialmente cuando fue escrito para otra cultura, por personas de un lugar y de un período diferente de la historia. Siempre miramos las cosas a través de nuestros propios lentes y podríamos ver o ni siquiera darnos cuenta de que están allí. Por ejemplo, en una de sus cartas, Pablo dio un mandato específico a la iglesia: «Salúdense unos a otros con un beso santo» (Romanos 16.16). Esto fue escrito de modo imperativo, con voz de padre, una orden. Evidentemente, esto era una parte importante de la cultura. En algunas culturas el beso todavía se practica, pero no conozco ninguna iglesia en Estados Unidos que obedezca el mandato de Pablo. En el atrio de mi iglesia nadie se da besitos y probablemente tenga más italianos en mi iglesia que usted. ¿Por qué no nos damos un beso?

Este concepto no es fácil de explicar y no es el tema de este libro. Pero antes de poder entender verdaderamente el enojo de Jesús debemos estudiarlo detenidamente. Quiero explicar algunas categorías de la mala interpretación bíblica. A la primera categoría la llamaré la interpretación Gummy Bears (Ositos Gummi), que consiste en aplicar aquello que usted quiere al mismo tiempo que ignora lo que no desea. En el pasado había una tienda de dulces al lado de la oficina de la iglesia. Esto fue a mediados de los años noventa cuando todo lo que se decía sobre la nutrición era acerca del contenido graso en los alimentos. Así que trataba de cuidarme la ingesta de grasas mientras entraba a la tienda de caramelos. Ya sé. Ya sé. Déjeme contarle como me justificaba. ¡Me compraba una bolsa de Gummy Bears porque no tenían grasa! Pero no importaba de que básicamente eran globitos de azúcar hechos de jarabe de maíz con un alto contenido de fructosa. ¡Yo no quería enterarme de eso! Yo pensaba que todo estaba bien siempre y cuando fueran hechos sin grasa. Mucha de nuestra mala interpretación bíblica obedece a la misma lógica cuando escogemos solo lo que nos interesa e ignoramos lo que no queremos.

Por ejemplo, ¿por qué decidimos que era correcto *oponernos* a 1 Timoteo 2.9 permitiendo que las mujeres se vistan con joyas, pero exigimos la *obediencia* de 1 Timoteo 2.12 que no permite a las mujeres enseñar a los hombres en algunas congregaciones? ¡A solo cuatro versículos de distancia! ¿Cómo reconciliamos 1 Corintios 11.5, que habla acerca de las mujeres que profetizan en público contra el «mandamiento» en 1 Corintios 14.34, 35, donde dice que las mujeres guarden silencio en la iglesia?

Aquí también podemos mencionar a los tatuajes, aunque la prohibición de los tatuajes es parte del antiguo pacto, que enseguida veremos. ¿Por qué tantos cristianos creen que los tatuajes son malos? El mandato en contra del tatuaje (Levítico 19.28) está en el mismo capítulo bíblico que prohíbe afeitarse (v. 27) o vestirse con ropa hecha de dos hilos diferentes (v. 19). De alguna manera muchos cristianos, tal vez la mayoría, aun piensan que usar tatuajes es incorrecto, pero ponerse una camisa hecha de algodón y poliéster es aceptable. Ositos Gummi: ignoran una cosa mientras enfatizan otra.

A la segunda categoría la llamaremos la interpretación de la Cuñada, que tipifica aplicar reglas que perdieron vigencia. Deuteronomio 25.5 dice que, si un hombre casado muere sin un hijo, «El hermano del esposo la tomará (a la viuda) y se casará con ella». Parece ser una buena trama para una telenovela, pero no veo que eso funcione en nuestros días.

El problema con esta interpretación surge cuando tomamos las reglas del Antiguo Testamento e intentamos aplicarlas en nuestra vida en la era pos-ley, la era del Nuevo Testamento. El asunto es que no estamos obligados a seguir guardando estos requisitos (Colosenses 2.14; Gálatas 3.13). Confíe en mí cuando le digo que usted no quiere tomar el camino de intentar cumplir con los requisitos de la ley mosaica. Le daré una sola razón: el tocino (Levítico 11.7, 8).

A la tercera categoría la llamaremos la interpretación de la Venta de Pasteles. Estas son las reglas que creamos y fundamentamos en una interpretación completamente incorrecta de un pasaje bíblico, aunque esté en el Nuevo Testamento. Por ejemplo, en algunas iglesias no se permite la venta de pasteles porque todos sabemos que «no se debe vender cosas en la iglesia». La razón es obvia, ¿verdad? Porque Jesús echó a los cambistas del templo. ¿Pero cuál fue el objetivo de Jesús al hacerlo? ¿Estaba él enojado porque se vendían cosas? ¿Era que estaban cobrando de más? ¿O era algo mucho más profundo que eso?

Regresemos al pasaje en Marcos 11 y miremos más de cerca el enojo de Jesús en el templo, por lo cual yo digo que esto no tiene nada que ver con vender cosas en la iglesia. ¿Cómo lo sabemos? Veamos detalladamente comenzando con el versículo 17: «¿No está escrito: "Mi casa será llamada casa de oración para todas las naciones"? Pero ustedes la han convertido en "cueva de ladrones"». En esta declaración hay tres partes:

1. casa de oración,

2. para todas las naciones, y
3. cueva de ladrones.

Miremos más de cerca cada uno de estos puntos.

Casa de oración

En el tiempo que Jesús nació, la práctica habitual era vender los animales usados en el templo para el sacrificio. Era mucho más conveniente para los viajeros porque no tenían que traer los animales al templo. El servicio de los cambistas también facilitaba las cosas para los viajeros quienes debían pagar el impuesto del templo con cierto tipo de moneda. Además, era más eficiente cambiar el dinero y comprar el sacrificio de una vez cuando llegaban al templo. Si usted moderniza el concepto a las ofrendas online de la iglesia, tendrá más sentido. Aunque usted puede traer su sobre de ofrenda a la iglesia o su cheque (si es que usa chequera), pero es mucho más conveniente dar su ofrenda online.

Entonces, ¿el enojo de Jesús era porque hacían todas estas cosas en la casa de oración? Yo creo que sí, pero ¿podremos librar al mundo de una horrible interpretación sobre esta historia?

Hechos 17.24 (RVR1960) dice: «El Dios que hizo el mundo y todas las cosas que en él hay, siendo Señor del cielo y de la tierra, no habita en templos hechos por manos humanas». Ya no adoramos en un templo, porque en la era pos-Jesús no hay más templo. ¡La casa de Dios no es el edificio de la iglesia! El edificio de la iglesia no es el templo. Para Dios, tal vez este sea el aspecto más ofensivo de esta mala interpretación. En el sistema antiguo, Dios sabía que necesitaba un lugar para reunirse con sus hijos, o

5

mejor dicho, un lugar donde ellos podían reunirse con él. Cuando vivieron como nómadas en el desierto, él les hizo construir un templo móvil llamado el tabernáculo. Luego, una vez que se establecieron en la tierra prometida, el rey David juntó fondos y su hijo Salomón construyó el templo en Jerusalén. Este es el edificio del templo donde Jesús volcó las mesas.

El templo tenía diferentes lugares donde se les permitía adorar a ciertos segmentos de la población. En la periferia estaba el atrio de los gentiles, lo cual significaba que cualquiera podía entrar allí y adorar. Al lado estaba el atrio de las mujeres judías, y luego el lugar para los hombres judíos. Sí, era discriminatorio; no lo discutiré. Era el tiempo del antiguo pacto y Dios lo estableció como él quiso y supo como lo aceptaría la cultura judía. Pero luego vino Jesús y todo cambió. ¿No le lleva esto a amar más a Jesús?

Dentro del club de los niños judíos estaba el atrio de los sacerdotes, donde los líderes religiosos adoraban y ofrecían los sacrificios traídos por el pueblo. Más adelante estaba el área más íntima, el Lugar Santísimo, donde habitaba la presencia de Dios. No era que Dios estaba limitado a ese lugar, sino que representaba la conexión con su presencia de una manera tangible. No obstante, como ya lo he mencionado, la presencia de Dios estaba separada de todos por un velo grueso.

Los escritores de los evangelios registran que ese velo se rasgó de arriba abajo (Mateo 27.51; Marcos15.38; Lucas 23.45). Esto no ocurrió por accidente, sino que fue simbólico. Debido al sacrificio de Jesús ya no hay separación entre Dios y su pueblo; no hay más necesidad de que los sacerdotes ofrezcan algo por nuestros pecados. El sacrificio perfecto se hizo una vez y para siempre. Ni siquiera hay necesidad de un templo; ahora el templo es nuestro corazón: «¿No saben que ustedes son templo de Dios y que el Espíritu de Dios habita en ustedes?» (1 Corintios 3.16).

Ahora todos tenemos pleno acceso para estar con Dios cuando así lo deseemos. Esta es la esencia del evangelio: acceso a Dios. Podemos ir detrás del escenario. ¿Alguna vez ha tenido un pase para ir detrás del escenario? Nunca olvidaré la vez que tuve la oportunidad de oficiar la ceremonia matrimonial de uno de los miembros de la banda Styx. Me encanta la música *rock* clásica, estaba emocionadísimo. Sí, ya sé. Styx es el nombre de un río en el infierno. Pero la banda era muy buena.

> Ahora todos tenemos pleno acceso para estar con Dios cuando así lo deseemos. Esta es la esencia del evangelio: acceso a Dios. Podemos ir detrás del escenario.

Esa noche me tocó cenar con la banda detrás del escenario y luego me senté en uno de los asientos matadores para escuchar el concierto. Había una canción de señal para que supiera que tenía que ir detrás del escenario y prepararme. Cuando empezó la canción «Mr. Roboto», tomé mi Biblia y fui a la puerta. Entré sin que me hicieran preguntas porque tenía un pase todo acceso, que aún tengo en el cajón de mi escritorio en caso de que la banda se vuelva a unir. Después de su canción final, el cantante principal Dennis DeYoung salió y dijo: «Ahora tendremos una boda». Luego me presentó a una multitud de 14.000 personas, que a esa altura estaban deshechas. Justo cuando declaro al baterista John Panozzo y su dulce prometida Jan, marido y mujer, el guitarrista Tommy Shaw empezó a cantar: «Oh, madre, temo por mi vida por el largo brazo de la ley». Que hasta el día de hoy me da escalofríos.

Ah, sí, el punto que quería hacer es que yo tenía un pase todo acceso. Jesús murió para proveernos eso, y es la razón por la que ya no hay necesidad de un templo físico. Así que el hacer una correlación entre un edificio moderno de iglesia con el templo es una entera herejía. El edificio de una iglesia es tan solo un lugar donde la gente se reúne para adorar. No digo de ninguna manera que no deberíamos tener respeto por un edificio que fue construido sobre los sacrificios de algunas personas muy piadosas. Lo que digo es que no es lo mismo que un templo; es decir, no es la habitación de Dios. Esta es mi proclamación de emancipación: Por la presente proclamo la emancipación para su edificio, donde la iglesia se reúne, de toda regla intencionada para el templo. No hay ninguna condición teológica que prohíba ventas en la iglesia o, más importante, entrar a la reunión con un café. ¿Puede decir «amén»?

No obstante, en los días de Jesús, el templo era aún la casa de oración y el lugar donde el pueblo tenía acceso a Dios, que era la razón por la que Jesús se enojó. Después volveremos al tema.

Cueva de ladrones y todas las naciones

Ahora que hemos explicado el problema de «convertir la casa de oración en un mercado», el próximo asunto es el robo. Los cambistas cobraban una comisión por el cambio, la que quizás era excesiva, aunque no tenemos ninguna evidencia histórica de esto. Otra posibilidad es que hubiera un chantaje interno con los líderes de la iglesia recibiendo sobornos para aprobar los animales. Por ahora, pongamos esto en la misma categoría que pagar nueve dólares por un refresco durante un juego de pelota. Usted entiende. Puede quejarse todo el día sobre «la cueva de ladrones», pero si tiene sed durante el juego de pelota no hay muchas opciones. Claro que Jesús estaba descontento con los precios que cobraban y el lugar que habían escogido para hacerlo, pero yo no creo que esa era la razón por la que Jesús se enojó.

Jesús se enojó por la misma razón que se enojaba siempre: cuando el acceso al Padre era impedido. Jesús se enojó por lo que estaba ocurriendo por causa de los cambistas y los vendedores de tórtolas convirtiendo la «casa de oración» «para todas las naciones» en una «cueva de ladrones». Yo creo que no fue uno, sino una combinación de las tres partes de esta declaración que provocó el celo de Jesús. Quedándonos con lo que sabemos acerca de Jesús, permítame presentar el caso por la parte que parece menos obvia: «para todas las naciones».

Jesús estaba en el atrio *exterior*, la parte del templo «para todas las naciones», cuando decidió «ya basta». Este era el atrio de los gentiles, lejos incluso del área donde las mujeres judías se reunían; era el lugar donde Dios proveía acceso para el resto del mundo y ese era el lugar donde los «ladrones» se habían instalado.

El enojo de Jesús estaba dirigido a los judíos que convirtieron la casa de oración no judía en un mercado, impidiendo así el acceso a todos los extranjeros que querían adorar a Dios. Convertir esa área en un mercado no era algo que conducía a la adoración. En otras palabras, los extranjeros, aquellos que se sentían más lejos del Padre, eran los que más sufrían. Estaban siendo robados no solo de su dinero ganado con mucho esfuerzo, por los precios excesivos de los animales y las comisiones por el cambio, sino de su acceso a Dios.

Esto era algo por lo cual Jesús se interesaba profundamente. Su enojo no fue un momento instantáneo de pasión. Hay un detalle importante de esta historia que demuestra que ese día Jesús no perdió los estribos en el templo. Este evento aconteció un lunes por la mañana de la última semana de Jesús, antes de su muerte. El día anterior, Jesús entró a Jerusalén sobre una asna y las multitudes lo saludaron con palmas creyendo que él venía para ser el nuevo rey. Entonces el Domingo de Ramos por la noche, entró en el templo: «Jesús entró en Jerusalén y fue al templo. Después de observarlo todo, como ya era tarde, salió para Betania con los doce» (Marcos 11.11).

Él sabía lo que estaba pasando antes de los eventos ocurridos el lunes por la mañana. Así que no fue que de repente él perdió los estribos. Esto era mucho más que una declaración apurada del momento para los que vendían panes horneados o camisetas en el atrio. Esta fue una acción bien pensada, una convicción cocida a fuego lento sobre el acceso que Dios quiere que la gente tenga con él. Juan, que escribió su evangelio mucho tiempo después de los otros evangelios, nos dice que los discípulos se acordaron de este incidente (Juan 2.17) siendo el cumplimiento de una profecía del Antiguo Testamento: «El celo por tu casa me consume» (Salmos 69.9).

¿Ahora tiene más sentido? El celo de Jesús no era por la santidad del templo. Él profetizó que pronto sería destruido, y lo fue. El celo de Jesús era por el acceso a Dios que proveía el templo. Él vino para rasgar el velo y darnos un pase todo acceso a una hermosa relación con nuestro Padre celestial. La relación para la cual fuimos creados. Él limpiará el camino de mesas, animales o personas para darnos un pase de todo acceso. Él entregó su vida para que podamos ir detrás del escenario.

Dios quiere que estemos con él. Él nos invita. Y Jesús nunca permitirá que ni siquiera uno de nosotros se quede afuera retenido por algo o por alguien. De parte de la iglesia le pido disculpas si alguien ha hecho eso con usted o sus amigos. Jamás ha sido ni es la intención de Jesús que alguien quede afuera. De hecho, él haría una escena en un lugar santo para asegurarse que todos tengan acceso. Especialmente aquellos que están más lejos.

CAPÍTULO 2

CUANDO SER BUENO OBSTACULIZA EL CAMINO

Hijos e hijas del infierno

«¡Ay de ustedes, maestros de la ley y fariseos, hipócritas! Les cierran a los demás el reino de los cielos, y ni entran ustedes ni dejan entrar a los que intentan hacerlo. ¡Ay de ustedes, maestros de la ley y fariseos, hipócritas! Recorren tierra y mar para ganar un solo adepto, y cuando lo han logrado lo hacen dos veces más merecedor del infierno que ustedes».

(MATEO 23.13-15)

REMONTÉMONOS NUEVAMENTE a la escuela por un momento. Siempre, en cualquier aula usted encontrará tres tipos de estudiantes. Están aquellos que claman por los asientos en la primera fila, al frente, aquellos que hacen lo mismo con las últimas y aquellos que yo llamo estudiantes *«hakuna matata»* porque entran y se sientan en cualquier lugar.

La polaridad existe más claramente entre el frente y el fondo. Estos grupos de estudiantes piensan acerca de la escuela muy diferentemente. Los niños en la primera fila se sientan allí porque les gusta hacer sus tareas y cuando la maestra hace una pregunta, enseguida pueden levantar sus manos y decir: «¡A mí, a mí, elíjame a mí!». Estos son los compañeros que tienen el descaro de recordarle a la maestra o el maestro si se olvidaron de asignar una tarea para hacer en la casa. No sé si su forma de ser es genética o la aprendieron, pero resulta ser un problema para el resto de la clase. Los chicos del fondo solo quieren divertirse y obtener una calificación aceptable. Su inclinación por sentarse en el fondo es para estar lejos de la maestra; cuanto más lejos estén tienen una mejor probabilidad de salirse con la suya. Opuesto al sistema del templo mencionado en el capítulo anterior, esto es una cuestión de elección. Esta es mi gente. Me encanta aprender, pero también hacer múltiples tareas al mismo tiempo. Tal vez sea la única persona en la historia que recibió una educación a nivel doctoral haciéndolo completamente desde la fila en el fondo, mientras jugaba vídeo juegos. ¿Podríamos decir TDAH? (Trastorno por déficit de atención con hiperactividad).

Algunas personas aman las reglas y otras no. Usted quizás no sea lo suficientemente mayor como para recordar que antes se permitía fumar adentro del avión. Aunque hoy parece ridículo pensar que se puede evitar el humo de segunda mano dentro de un tubo de metal presurizado, cuando las aerolíneas primero introdujeron la prohibición con el fin de promover la salud pública, no todos estaban a favor de esa nueva regla. ¿Por qué piensa que los asistentes de vuelo aún tienen que anunciar que «fumar en los lavabos está prohibido por ley»? ¿Quién no lo sabe ya?

La mayoría de nosotros estamos felices por las reglas y queremos seguirlas. Pero algunos de nosotros, aunque entendamos y creamos en las reglas, no *queremos* obedecerlas.

Jesús se sentó en la fila del fondo

En el principio, Dios formó la civilización y con ello me refiero que le dio a su pueblo un sistema de leyes. Parte de la definición de civilización incluye, obviamente, la «civilidad». Dios instruyó a los seres humanos con lo fundamental sobre la civilidad para establecer el orden, lo cual es totalmente necesario, aun para las personas como yo que luchan contra las reglas. Uno se da cuenta de la importancia del orden civil cuando se convierte en padre. Si usted piensa tener hijos más vale que esté preparado para enseñarle cierta apariencia de civilidad. Si usted no tiene hijos, tan solo vaya a Chuck E. Cheese y entenderá.

A través de los años, los hijos de Dios intentaron seguir su sistema de leyes. En su mayor parte fallaron en cumplirlas, pero al menos se habían establecido normas uniformes. Porque, como sabrá, sin normas uniformes todo se desmorona. Avancemos rápidamente a la transición de nuestro calendario de A. C. a A. D. y encontraremos que la distancia entre la fila del frente y la del fondo había crecido mucho en el judaísmo. La gente de la primera fila de la religión eran los fariseos, saduceos y los maestros de la ley. Ellos seguían las reglas como una forma de vida. De hecho, tanto les gustaban las reglas que agregaban las suyas propias encima de las reglas de Dios, por lo que tenían más cosas para hacer correctamente.

Yo creo que en principio tenían buenas intenciones, pero para el tiempo en que Jesús llegó, habían agregado exponencialmente más reglas a los seiscientos trece mandamientos en la Torá. Como si los seiscientos trece no fueran suficientes. El resultado fue que se hacía aún más difícil vivir correctamente una relación con Dios, lo cual dejaba a las personas de la fila del fondo, llamémoslos «pecadores», cada vez más lejos. Es como si los chicos de la fila del frente hacían que el aula fuera más grande y más larga. En ese momento, si usted se encontraba en la fila del fondo, la maestra estaba muy lejos, y uno tenía pocas esperanzas de entender el material, y mucho menos de aplicarlo y lograr una buena calificación. Entonces llegó Jesús, el tan ansiado Mesías.

Él era diferente a lo que todos esperaban. Uno hubiera pensado que él se sentaría en la fila del frente y sería el preferido de la maestra. Pero no; Jesús no se sentaba a menudo en la fila del frente. Ni siquiera pasaba mucho tiempo en el medio. Cuando Jesús iba a la clase, normalmente, se sentaba en la fila del fondo. No porque quería jugar a los vídeo juegos, sino porque quería brindar acceso a Dios a los que estaban más lejos.

Mientras Jesús estaba comiendo en casa de Mateo, muchos recaudadores de impuestos y pecadores llegaron y comieron con él y sus discípulos. Cuando los fariseos vieron esto, les preguntaron a sus discípulos: «¿Por qué come su maestro con recaudadores de impuestos y con pecadores?» Al oír esto, Jesús les contestó: «No son los sanos los que necesitan médico, sino los enfermos. Pero vayan y aprendan qué significa esto: "Lo que pido de ustedes es misericordia y no sacrificios". Porque no he venido a llamar a justos, sino a pecadores». (Mateo 9.10-13)

Esta es mi paráfrasis de las palabras de Jesús: «Yo he venido por las personas que están al fondo y elijo sentarme en la fila de atrás con ellos». Jesús se sentó en el fondo, y cuando las maestras le hacían preguntas, él pasaba al frente de la clase y daba respuestas sorprendentes. Luego se volvió y le dijo a la gente en la fila del frente que ellos tenían una mala actitud y los llamó hipócritas. ¡Con signos de exclamación!

¡Hipócritas! Tenía razón Isaías cuando profetizó de ustedes: «Este pueblo me honra con los labios, pero su corazón está lejos de mí. En vano me adoran; sus enseñanzas no son más que reglas humanas». (Mateo 15.7-9)

Parece que Jesús estaba enojado, ¿verdad? Les dijo que, aunque la religión para ellos era innata y que sabían todas las respuestas, aun así, no eran lo suficientemente buenos como para entrar en el reino. Y luego les dijo que tenían que dejar de mirar con desprecio a los que se sientan en la fila del fondo.

¿Cómo puedes decirle a tu hermano: «Déjame sacarte la astilla del ojo», cuando ahí tienes una viga en el tuyo? ¡Hipócrita!, saca primero la viga de tu propio ojo, y entonces verás con claridad para sacar la astilla del ojo de tu hermano. (Mateo 7.4, 5)

Ah, sí, y luego los volvió a tildar de hipócritas, solo por si acaso.

¡Ay de ustedes, maestros de la ley y fariseos, hipócritas! Recorren tierra y mar para ganar un solo adepto, y cuando lo han logrado lo hacen dos veces más merecedor del infierno que ustedes. (Mateo 23.15)

Si esa declaración no lo derriba, no la está leyendo correctamente.

Jesús estaba diciendo que el seguimiento del sistema de reglas de la fila del frente no es del cielo; es del infierno. Con esto no quiero decir que seguir reglas es malo. El problema era que la élite religiosa estaba haciendo suposiciones incorrectas acerca de lo que las reglas les darían por seguirlas. Ellos suponían que podían ganar el favor de Dios si eran lo suficientemente buenos, y que Dios los calificaría con una curva establecida, significando que ellos estaban «adentro» porque los demás estaban muy por debajo de ellos (y, por tanto, «afuera»); en otras palabras, ellos estaban adentro sin importar lo que fuera. Lo que por supuesto es ridículo. Solo con pensar que nosotros como seres humanos caídos de alguna manera podemos ganarnos la entrada a la mesa del banquete de Dios es absurdo.

Cuando Jesús iba a la clase, normalmente, se sentaba en la fila del fondo. No porque quería jugar a los vídeo juegos, sino porque quería brindar acceso a Dios a los que estaban más lejos.

El apóstol Pablo dijo: «Por tanto, nadie será justificado en presencia de Dios por hacer las obras que exige la ley; más bien, mediante la ley cobramos conciencia del pecado» (Romanos 3.20).

Tal vez no sea solo ridículo; sino infernal.

Hijos del infierno

Los fariseos eran los «hijos del infierno» porque habían rechazado la provisión de Dios para su salvación e intentaban justificarse a sí mismos a través de sus propias obras de justicia. Pero el problema más grande era que estos hijos del infierno, con su sistema de «reglas humanas» para la iglesia, estaban obstruyendo la puerta al reino de los cielos para las personas que estaban en el fondo de la clase.

Cuando los líderes religiosos, como yo, damos el más leve indicio de que Dios ama a sus hijos porque se están portando «bien», literalmente estamos participando en la táctica más grande que el infierno haya producido. Esto conduce al orgullo entre los que están al frente de la clase, y a la desesperación para los que están en el fondo.

> Se acercaron a Jesús algunos fariseos y maestros de la ley que habían llegado de Jerusalén, y le preguntaron: «¿Por qué quebrantan tus discípulos la tradición de los ancianos? ¡Comen sin cumplir primero el rito de lavarse las manos!»
>
> Jesús les contestó: «¿Y por qué ustedes quebrantan el mandamiento de Dios a causa de la tradición? Dios dijo: «Honra a tu padre y a tu madre», y también: «El que maldiga a su padre o a su madre será condenado a muerte». Ustedes, en cambio, enseñan que un hijo puede decir a su padre o a su madre: «Cualquier ayuda que pudiera darte ya la he dedicado como ofrenda a Dios». En ese caso, el tal hijo no tiene que honrar a su padre. Así por causa de la tradición anulan ustedes la palabra de Dios. ¡Hipócritas! Tenía razón Isaías cuando profetizó de ustedes:
>
> «Este pueblo me honra con los labios, pero su corazón está lejos de mí. En vano me adoran; sus enseñanzas no son más que reglas humanas». (Mateo 15.1-9)

Permítame señalar que estos líderes de la iglesia vinieron de Jerusalén. Esto significa que no solo que se sentaban en la fila del frente, sino que también estaban anotados en la lista del más alto honor. Jerusalén era el lugar de prestigio. Jesús y su banda estaban en Genesaret cuando esto ocurrió; aparentemente estos líderes vinieron en una misión de confrontar a Jesús y eligieron hacerlo por medio de la tradición del lavado de manos que sus seguidores habían ignorado. La regla del lavado de manos, *Yadayim,*[1] no formaba

parte de las leyes originales que Dios había dado, sino que fue aña-
dida después por los judaizantes.

Por supuesto, no hay nada de malo con lavarse las manos.
El asunto abordado aquí era sobre la *manera* en que se lavaban
las manos. Los líderes de la iglesia en Mateo 15 se ofendieron
porque los discípulos no lo hacían en la manera fastidiosamente
específica que indicaba la regla que ellos habían inventado. Esa
era la desconexión. Yo creo que Jesús deliberadamente estaba irri-
tando a estos líderes de iglesia. Este asunto del lavado de manos
era solo otra forma en que Jesús estaba haciendo una declaración
sobre la hipocresía de las «reglas enseñadas por los hombres» y
el problema que causaba para que la gente tenga acceso a Dios.

En lugar de responder a sus acusaciones, Jesús lanzó un con-
trataque, contestándoles:

> ¿Y por qué ustedes quebrantan el mandamiento de Dios a causa
> de la tradición? Dios dijo: «Honra a tu padre y a tu madre», y
> también: «El que maldiga a su padre o a su madre será conde-
> nado a muerte». Ustedes, en cambio, enseñan que un hijo puede
> decir a su padre o a su madre: «Cualquier ayuda que pudiera
> darte ya la he dedicado como ofrenda a Dios». En ese caso, el
> tal hijo no tiene que honrar a su padre. Así por causa de la tra-
> dición anulan ustedes la palabra de Dios. (Mateo 15.3-6)

En lugar de abordar el asunto del lavado de manos, Jesús les
pregunta por qué dan más importancia a la tradición que a la Escritura. De manera perfecta, Jesús subió el tono de la conversación.
Les contestó su pregunta con una cuestión más profunda. En
esencia les dijo: «No, mis seguidores no se lavaron las manos de la
manera que ustedes piensan que deberían hacerlo, pero hablemos

de otras cosas que son mucho más serias en relación con las normas de civilidad de Dios. Saltemos del *Yadayim* al *Corban* (otra regla que ellos añadieron)». ¡Esto les va a encantar!

Los fariseos podían declarar una posesión material como *Corban*, que significaba «dedicada a Dios». Era una regla inventada que básicamente decía: «Yo quiero ser egoísta y hacer lo que quiero con lo que tengo sin preocuparme por nadie más, ni siquiera de mis padres». Un buen ejemplo de llamar algo *Corban* sería como cuando gritamos escopeta para sentarnos en el asiento delantero del auto. De acuerdo con Michael Scott, un protagonista de la serie de televisión *The Office*, «La regla del juego escopeta es muy sencilla y clara. La primera persona que grita "escopeta" cuando logra ver el auto le toca sentarse en el asiento delantero. Así es como se juega el juego. No hay excepciones para alguien que tiene una contusión».[2]

En verdad, este concepto de *Corban* era mucho peor que gritar escopeta y obligar a su amigo que tiene una contusión a viajar al hospital en el asiento de atrás. Esto tenía que ver con el hecho de cuidar a nuestra familia. Si usted quería ser egoísta y no ayudar a solventar a sus propios padres ancianos, solo tenía que declarar *Corban* y «dedicar» sus cosas a Dios (mientras que usted las seguía usando). Al hacerlo significaba que usted congelaba todos sus bienes y dinero dejando que otra persona se haga responsable de cuidar a sus padres.

Lo genial del ejemplo de Jesús era que mientras los fariseos se quejaban de que sus discípulos quebrantaban la tradición del lavado de manos, que no tenía ninguna base en la Escritura o real importancia como el lavado ceremonial de manos, ellos estaban negando abiertamente la enseñanza fehaciente de la Palabra de Dios sobre el cuidado de la propia familia, algo que era de gran importancia.

Estoy hablando acerca del método que usaban para lavarse las manos comparado con los diez mandamientos dados a Moisés por Dios: «Honra a tu padre y a tu madre». Eso estaba escrito en las tablas cuando Moisés bajó de la montaña, probablemente con las manos sucias.

El espíritu de la ley

Tal vez, en este caso, la violación de la regla del lavado de manos haya sido accidental, pero sabemos que Jesús quebrantó a propósito algunas de las otras reglas de los líderes religiosos, o permitió que sus discípulos las quebrantaran, para demostrar que el seguimiento de las reglas nunca fue ni jamás será el punto en cuestión.

Jesús explicó la verdadera fuente de la impureza, el *corazón* del asunto:

> Jesús llamó a la multitud y dijo: «Escuchen y entiendan. Lo que contamina a una persona no es lo que entra en la boca, sino lo que sale de ella». (Mateo 15.10, 11)

Los fariseos no estaban entendiendo el espíritu de la ley o la verdadera razón para el lavado. Si su lavado ceremonial de manos es una manera para demostrar su adoración a Dios, entonces por todos los medios continúe lavándose las manos. Pero si cree que por hacerlo usted está obteniendo una mejor calificación, entonces se encuentra confundido. En otras palabras, si la manera en que usted levanta las manos en la adoración o la postura que adopta para orar le ayudan para acercarse a Dios, eso es fantástico. Pero no menosprecie a otros porque no lo hacen como usted o porque lo hacen de otra manera.

Más importante, si usted quiere pasar por alto una relación llena de gracia con Dios, prefiriendo en su lugar una basada en las obras y en el esfuerzo por agradar a un severo Padre celestial, es asunto suyo. Francamente, ese asunto es de los hijos del infierno, pero esa decisión es suya. No obstante, cuando usted quiere imponer esa actitud a los demás, Jesús se va a enojar.

En la frase «hijo del infierno» (Mateo 23.15, RVR1960), Jesús usa el término «infierno» no solo para referirse a una eternidad separados de Dios, sino también al castigo extremo. En otras palabras, tan horrible como se oye, en realidad es peor. Jesús estaba diciendo que ellos merecían el castigo extremo y también una eternidad separados de Dios porque estaban bloqueando el camino para que las personas llegaran a Dios al hacer énfasis en sus propias reglas, por encima del deseo de Dios.

Entonces, mucho de lo que enojó a Jesús, lo que enseñó y refutó a estos personajes que se atribuían a sí mismos el alto honor en los evangelios, surgió de la necesidad de refutar a estos hijos del infierno. Él debía refutarlos para que no continuaran enseñando a sus estudiantes a que «adoren a Dios en vano» (Mateo 15.9, RVR1960), haciéndolos dos veces más hijos del infierno.

Quizás todos debamos pasar más tiempo en la fila del fondo, donde alguien como yo, como usted y como Homero Simpson, podamos sentirnos más cómodos.

CAPÍTULO 3

CUANDO LAS REGLAS OBSTACULIZAN EL CAMINO

Homero Simpson tenía razón

Otra vez entró Jesús en la sinagoga; y había allí un hombre que tenía seca una mano. Y le acechaban para ver si en el día de reposo le sanaría, a fin de poder acusarle. Entonces dijo al hombre que tenía la mano seca: «Levántate y ponte en medio». Y les dijo: «¿Es lícito en los días de reposo hacer bien, o hacer mal; salvar la vida, o quitarla?». Pero ellos callaban. Entonces, mirándolos alrededor con enojo, entristecido por la dureza de sus corazones, dijo al hombre: «Extiende tu mano». Y él la extendió, y la mano le fue restaurada sana. Y salidos los fariseos, tomaron consejo con los herodianos contra él para destruirle.

(MARCOS 3.1-6, RVR 1960)

En vano me adoran; sus enseñanzas no son más que reglas humanas.

(MATEO 15.9; JESÚS CITANDO ISAÍAS 29.13)

PARA MÍ HOMERO SIMPSON hizo un resumen sobre el asunto de las reglas inventadas. Cuando se le preguntó a qué religión pertenecía, respondió: «Ya sabes, la de todas esas reglas bonitas que no funcionan en la vida real, eh… cristianismo».[1] ¿Pero es en verdad así el cristianismo? ¿O ha sido Jesús mal interpretado?

Yo creo que la declaración de Homero representa exactamente la manera en que el mundo ve el cristianismo. La ironía y la importancia de esta discusión es que en verdad representa el mismo concepto erróneo que enojó a Jesús con su iglesia. Las normas bien intencionadas que no funcionan crean una gran barrera.

No soy el hombre de las reglas, como ya hemos establecido. Mi niñez fue durante los años sesenta y setenta. No estoy cuestionando el orden ni su propósito; lo que me molesta son las reglas tontas. Si usted crea una regla tonta, yo la romperé. Perdón, mamá.

Existen rumores que John Mellencamp escribió una canción acerca de mí. «Cuando peleo contra la autoridad… [vamos, que usted ya lo sabe]… la autoridad siempre gana». Ya lo sé, yo soy el problema.

Esta parte de mí personalidad hizo que mi vida sea aún más difícil cuando decidí asistir a un colegio bíblico muy conservador que tenía muchas reglas. Una de sus reglas bien intencionadas que no funcionaba era acerca del vello facial. Cuando a la edad de dieciocho años al fin me comenzó a crecer el vello facial, ¡me lo tuve que afeitar! Así que mi discurso durante mi primera clase del primer año fue: «Jesús tuvo barba».

Sí, escogí comenzar mi carrera en la oratoria pública oponiéndome a la autoridad de la institución donde iba a pasar los próximos cuatro años. Ese soy yo. Estaba indignado por la desconexión entre la regla del vello facial y el hecho de que Jesús no tenía rasuradora y que probablemente se parecía a un hippie, y por lo tanto no hubiera sido admitido en el colegio que llevaba su nombre. Por supuesto que Jesús tampoco usaba pantalones, pero no iba a ponerme a discutir por todo.

Ahora soy mayor y estoy bastante seguro de que eso no fue una sorpresa para nadie en la facultad de ese tiempo. El asunto era que la escuela creía que eso era una mala representación para la cultura de nuestros días, lo cual era su derecho. Finalmente, cambiaron la política y ahora todos se parecen a Jesús; pero estoy seguro de que no fue por causa de mi discurso.

De todos modos, a pesar de la regla, dejé de afeitarme la última semana de clases en 1983 para tener algo de rebelión en la graduación. Desde entonces no me he vuelto afeitar al ras. Lo gracioso es que en verdad no me gusta tener barba. No soporto tener que mantenerla y que retenga el goteo del aceite de oliva y el queso parmesano cuando como comida italiana. Pero inconscientemente creo que nunca podré afeitarme al ras por el temor a que piensen que estoy cediendo a las exigencias del «hombre». Escuché una historia infundada que en tiempos pasados la escuela ni siquiera permitía que las mujeres usaran vestidos con diseños de lunares porque esto podría tentar a que los muchachos quieran pinchar los lunares. ¡Estas cosas son ridículas!

Y aunque algunas de estas reglas me parecían ridículas (y aún lo son) también entiendo que todos, especialmente yo, necesitamos tener reglas. La sociedad debe ser gobernada y no hay manera de gobernarla sin tener reglas bien intencionadas. Dios nos dio reglas porque nos ama; cada mandamiento nos fue dado para nuestro beneficio.

Uno puede interpretar el mandamiento «No tendrás dioses ajenos delante de mí» (Éxodo 20.3, RVR1960) como una declaración posesiva o arrogante. Pero yo la oigo como un padre hablando con sus hijos. Como padre, mis mandamientos son para el bien y la seguridad de mis hijos. Cuando eran pequeños, yo les decía a mis hijos que no sigan a otros padres.

Además, muchas de las verdaderas leyes de Dios eran para la higiene y la salud, lo cual nos beneficia a todos. Me refiero a: Por favor, lávese las manos. Ya sabemos por qué eso es importante. Hasta hay un cartel en el baño de la estación de servicio. A Dios le gusta lo limpio y él quiere lo mejor para nosotros porque es nuestro Padre.

Les daré un ejemplo que está en Deuteronomio cuando Dios instruye a los israelitas a que entierren los desperdicios humanos:

> Tendrás un lugar fuera del campamento adonde salgas; tendrás también entre tus armas una estaca; y cuando estuvieres allí fuera, cavarás con ella, y luego al volverte cubrirás tu excremento. (Deuteronomio 23.12, 13, RVR1960)

Como verá, la gente en esos tiempos no entendía acerca de los gérmenes. No «enterraban lo que de ellos salía (excremento)». Durante la época medieval, casi muere toda la población de Europa por no hacer caso a este consejo sobre la higiene. Como consecuencia directa de verter los desperdicios humanos en las calles, millones de personas murieron de la peste negra (peste bubónica), una enfermedad causada por el organismo microscópico que se desarrollaba en el desperdicio humano y entraba en las casas por medio de pulgas sobre las espaldas de las ratas.

Le pido disculpas si usted está leyendo esto cerca de la hora de la comida, pero la verdad es que Dios cuida a sus hijos siempre. Los eruditos estiman que una tercera parte de las seiscientas trece normas de los primeros cinco libros del Antiguo Testamento se incluyeron principalmente por razones de salud. Los gérmenes no se descubrieron hasta mil años después, pero Dios (el Padre) advirtió a sus hijos a no tocar los animales muertos, no usar vasijas quebradas; a lavarse las manos en aguas corrientes y todo lo demás, porque él sabía que los gérmenes estaban presentes.[2] El Padre nos estaba cuidando.

Así que, por más que quiera rebelarme contra las reglas ridículas, por favor no piensen que estoy fantaseando cuando hablo sobre el problema del legalismo. En verdad soy un rebelde *con* una causa; y para mí es una causa muy grande.

El lado oscuro del cristianismo

Los Simpson es el programa de televisión de más duración en la historia de la humanidad. Obviamente, los escritores entienden nuestra cultura. La serie presenta el problema del cristianismo con el personaje Ned Flanders, el súper cristiano. Si usted no está familiarizado con *Los Simpson*, Ned vive los principios cristianos, pero se va un poco a los extremos. El timbre de su casa toca la música «Castillo fuerte es nuestro Dios». Para celebrar los puntos en un partido de pelota toca una bocina de aire con el «coro aleluya». En la Navidad responde el teléfono diciendo: «Cristo nació, ¿quién llama?». Se ducha con un traje de baño para no mirar su propia desnudez.

Estos son los aspectos insufribles de Ned, pero hay también un lado oscuro como cuando durante una película al aire libre, reparte folletos con el título «Te morirás en el infierno». ¡Con razón Homero mira al cristianismo con disgusto! Pero Ned no representa correctamente a Jesús, ni tampoco se comporta de la manera que Jesús quiere que lo hagamos, porque levanta barreras para personas como Homero. Si el cristianismo le resulta extraño a Homero es porque Jesús ha sido mal interpretado por personas como Ned. Homero no ha tenido la oportunidad de conocer al verdadero Jesús.

Andy Stanley, el pastor de North Point Community Church, presenta esta ilustración:

> Durante gran parte de mi vida mi acercamiento al cristianismo fue como el juego *Simón dice*. Excepto que era «Jesús dice». Era algo parecido a esto:
>
> *Jesús dice: «Párate».*
> *Jesús dice: «Lee la Biblia».*
> *Jesús dice: «Ora».*
> *«Siéntate».*
> *Ah, Jesús no dijo que te sientes. Mira allá. Estás eliminado.*

Lo que aprendí de niño acerca del juego *Jesús dice* fue que era muy difícil permanecer en el, y cuando uno salía se sentía culpable. El problema para mí fue cuando era joven que me salía muchas veces del juego y de alguna forma salir me llegó a gustar. Cuando uno salía ya no tenía que seguir jugando. Era un juego muy difícil de jugar porque ¿quién podía hacer todo lo que Jesús decía?

Al salir, pensaba: *Bueno, salí porque fallé, fracasé y pequé, así que antes de volver al juego pecaré por algunas semanas, total ya quedé eliminado. En verdad, ya no importa.*[3]

¿Puede usted identificarse con Andy? El problema es que algunas personas, como Ned Flanders, pueden ser muy buenos jugando al juego, pero no todos lo son.

El mayor problema, como sigue explicando Andy, es que:

Cada tanto, me encontraría con personas que nunca jugaron al juego *Jesús dice*. Eran personas malas y pecadoras y yo pensaba para mí mismo: *En verdad, más que nadie, ellos necesitan jugar a «Jesús dice»*. Pero no quieren hacerlo; y parte de mí los envidiaba. No cargan ninguna culpa. Solo hacen lo que bien les parece.

Pero cuando alguien venía y me decía: «Andy, tienes que ir a hablarle a toda la gente que no cree en *Jesús dice* y decirles que deben jugar».

Lo cual tiene sentido porque Jesús es maravilloso, pero nunca estuve seguro de querer decirles.[4]

Me parece que mucha gente, como Homero Simpson, y tal vez usted, solo perciban al cristianismo como si fuera el juego *Jesús dice*. Y lo increíble de esto es que la misma situación fue la que encontró Jesús en su iglesia hace dos mil años. Si Homero Simpson tuviera hoy una conversación con Jesús acerca de «las reglas bonitas que no funcionan en la vida real», yo podría imaginarme a Jesús diciéndole: «¿Ah sí? Permíteme contarte del judaísmo. Déjame contarte del juego *Dios dice* que los religiosos de la élite intentaron hacerme jugar. Y por cierto, no solo me eliminaron del juego, sino que también me ejecutaron porque no podían soportar la manera en que yo lo jugaba».

Observe como Jesús jugaba el juego ellos, *Dios dice,* en un día santo:

Un día Jesús fue a comer a casa de un notable de los fariseos. Era sábado, así que estos estaban acechando a Jesús. Allí, delante de él, estaba un hombre enfermo de hidropesía. Jesús les preguntó a los expertos en la ley y a los fariseos:

—¿Está permitido o no sanar en sábado? (Lucas 14.1-3)

¡Bien hecho, Jesús! Consultar con los jueces *antes* de tomar el paso. La ley estipulaba que no se debía trabajar el sábado, pero la Mishná también debía ser consultada. La Mishná era una adición y clarificación de la ley agregada por los fariseos, quienes interpretaron el *trabajo* en treinta y nueve categorías diferentes. Por ejemplo, una regla era que el sábado se podía escupir sobre una piedra, pero no se podía escupir en tierra porque uno estaría haciendo barro. ¡En serio!

¿Cómo respondieron los fariseos a la pregunta preventiva de Jesús?

Pero ellos se quedaron callados. Entonces tomó al hombre, lo sanó y lo despidió. También les dijo: «Si uno de ustedes tiene un hijo o un buey que se le cae en un pozo, ¿no lo saca en seguida aunque sea sábado?». Y no pudieron contestarle nada. (Lucas 14.4-6)

En varios pasajes donde Jesús sanó en un sábado, la Biblia registra que los fariseos salieron para tramar cómo podían matar a Jesús: «Y por esta causa los judíos perseguían a Jesús, y procuraban matarle, porque hacía estas cosas en el día de reposo» (Juan 5.16, RVR1960). ¡Qué reglas interesantes! No se puede sanar un sábado, pero sí tramar un asesinato. Como diría Ned Flanders: «¡Genializoso y estupendástico!».

Jesús decidió que ya era hora que estos fariseos aprendieran su lección acerca de obligar a otros a seguir sus reglas tal vez bienintencionadas, pero que no funcionan en la vida real, así que quebrantó una de ellas. Aquí va la pista de la canción de Mellencamp: «Cuando peleo contra la autoridad...».

Gente buena haciendo cosas malas

El comediante británico Ricky Gervais dice que «la gente buena hace cosas buenas, la gente mala hace cosas malas y cuando encuentras gente buena haciendo cosas muy malas, por lo general, la religión está involucrada».

Si alguien conoce a Ricky, dígale que yo pienso que es divertidísimo, que mi yerno es británico y que me encantaría pasar un rato con él. Entiendo a lo que se refiere. A veces la gente mala hace cosas buenas en nombre de la religión. Además, Ricky, siento tu dolor y creo que Jesús también. No quiero extenderme demasiado en el punto, pero es bastante importante: la religión tuvo que ver con la crucifixión de Jesús. Por lo tanto, creo que es acertado asumir que

> ¡Qué reglas interesantes! No se puede sanar un sábado, pero sí tramar un asesinato.

Jesús estaba enojado con los fanáticos religiosos: «Entonces, mirándolos alrededor con enojo, entristecido por la dureza de sus corazones» (Marcos 3.5, RVR1960), en otras palabras, estaba enojado.

Esto debió haber impresionado a los discípulos. Los escritores de los evangelios nos dicen que no registraron todas las cosas que hizo Jesús porque no habría espacio (Juan 21.25), pero sí se registraron siete milagros diferentes de sanidad en el día de reposo:

1. Expulsó a un espíritu maligno de un hombre
    (Marcos 1.21-28; Lucas 4.31-37).

2. Sanó a la suegra de Pedro de una fiebre
   (Mateo 8.14-15; Marcos 1.29-31; Lucas 4.38, 39).
3. Sanó al hombre que tenía una mano paralizada
   (Mateo 12.9-13; Marcos 3.1-6; Lucas 6.6-11).
4. Sanó a un hombre paralítico en el estanque de
   Betesda (Juan 5.1-18).
5. Sanó a una mujer encorvada (Lucas 13.10-17).
6. Sanó a un hombre hidrópico (Lucas 14.1-6).
7. Sanó a un hombre ciego de nacimiento
   (Juan 9.1-7, 14).

Estos fueron milagros importantes en sí mismos, pero los relatos en los evangelios parecen hacer más énfasis en el hecho de que violaban a la regla que en centrarse en el milagro, especialmente que eran milagros que transgredían el día de reposo. Jesús estaba más interesado en hacer el bien que en seguir las reglas. Un buen Padre consideraría la necesidad de sus hijos más importantes que una lista de actividades aprobadas en un día determinado. Si usted tuviera un hijo enfermo, ¿iría a buscar un doctor que lo atendiera en un fin de semana/día de reposo?

Este es otro ejemplo de Jesús quebrando la regla del día de reposo y esta vez estaba enseñando en una iglesia:

Enseñaba Jesús en una sinagoga en el día de reposo; y había allí una mujer que desde hacía dieciocho años tenía espíritu de enfermedad, y andaba encorvada, y en ninguna manera se podía enderezar. Cuando Jesús la vio, la llamó y le dijo: «Mujer, eres libre de tu enfermedad». Y puso las manos sobre ella; y ella se enderezó luego, y glorificaba a Dios. Pero el principal de la sinagoga, enojado de que Jesús hubiese sanado en el día de reposo, dijo a la gente: «Seis días hay en que se debe trabajar; en éstos, pues, venid y sed sanados, y no en día de reposo». (Lucas 13.10-14, RVR1960)

Pero hay más. Leamos la respuesta de Jesús:

Hipócrita, cada uno de vosotros ¿no desata en el día de reposo su buey o su asno del pesebre y lo lleva a beber? Y a esta hija de Abraham, que Satanás había atado dieciocho años, ¿no se le debía desatar de esta ligadura en el día de reposo? (Lucas 13.15, 16, RVR1960)

En esencia Jesús les dijo: «¡Ustedes están más interesados en su asna que en esta pobre mujer!».

Lucas 13 continúa diciendo: «Al decir él estas cosas, se avergonzaban todos sus adversarios; pero todo el pueblo se regocijaba por todas las cosas gloriosas hechas por él» (Lucas 13.17, RVR1960). Los perseguidores fueron avergonzados y el pueblo se regocijó.

Espero que Homero Simpson pueda conocer a Jesús. Al menos quisiera que entienda que Ned Flanders y Jesús no son lo mismo. Jesús no vino para seguir ni quebrantar las reglas bienintencionadas; él vino para cumplirlas (Mateo 5.17-20). Se supone que el cristianismo es acerca de esto, y no acerca de reglas bienintencionadas que no dan resultado.

Pero la humanidad por defecto convierte la relación con el Padre celestial en un juego. No podemos concebir el hecho de recibir la victoria gratis porque sentimos que estamos haciendo trampa, que por supuesto lo es; esa es la esencia del evangelio, las buenas nuevas. Jesús le dijo al hombre colgado a su lado en la cruz, un hombre que estaba a pocos segundos del final de su ejecución por su comportamiento criminal, sin ninguna forma de volver a entrar al juego: «Has ganado, yo gané el juego por ti».

El legalismo por defecto

La triste ironía es que los mismos discípulos que se regocijaron cuando Jesús avergonzó a los creadores de reglas, volvieron al mismo legalismo cuando se les dejó al mando.

Los líderes de la iglesia, después que Jesús ascendió, lucharon grandemente tratando de entender las nuevas reglas. Principalmente, cómo apartar el judaísmo de lo que es seguir a Jesús. Debido a que Jesús es el cumplimiento del judaísmo, era mucho más fácil deducir cómo vivir en la gracia de Jesús dentro de la estructura del judaísmo. Usted podía creer que Jesús era el mesías o no, pero las reglas del juego seguían siendo las mismas.

Todo funcionaba bien hasta que llegaron los gentiles, esto fue lo que cambió el juego. Literalmente, se vieron obligados a eliminar completamente el antiguo juego. En realidad, si se me permite cambiar de metáfora, fue más que un cambio de juego, fue un cambio al sistema operativo. Mientras escribía este libro, pensé comprarme un programa de reconocimiento de voz para que sea más fácil escribir. Había un programa mejor diseñado, pero era para usar con Microsoft Windows en vez de Mac, que es lo que vengo usando por más de diez años. El vendedor trataba de convencerme de que cambiara mi sistema operativo para que pudiera usar su producto. Pero, no. Ya presioné ctrl-alt-del por última vez.

Agregar a los gentiles al cristianismo era como un cambio de sistema operativo. Estas personas que no eran judías querían seguir a Jesús, pero no sentían que tenían que hacerlo dentro de los parámetros del judaísmo. Bueno, seamos honestos, había un gran problema: ellos no querían ser circuncidados.

Si uno nacía en el judaísmo, se recibía la tijeretada a los ocho días después de haber nacido. Pero si se quería convertir al judaísmo como adulto, bueno, este sacramento se convertía en una aversión legítima a su fe. Entonces, el gran debate al principio de la iglesia estaba centrado en cómo los cristianos deberían cumplir la ley. ¿Podrían comer carne sacrificada a los ídolos? ¿Deberían celebrar ciertos días sagrados? ¿Estaban obligados a casarse con su cuñada si su hermano moría sin hijos? Etcétera. Todo esto era parte del gran debate de Jesús versus las leyes del Antiguo Testamento. Y la circuncisión estaba al centro y al frente del debate.

El apóstol Pablo se enardeció sobre esto, especialmente en su carta a la iglesia en Galacia. Él dijo enfáticamente: «En Cristo Jesús de nada vale estar o no estar circuncidados; *lo que vale es la fe que actúa mediante el amor*» (Gálatas 5.6, énfasis añadido). Parece exactamente lo mismo que hizo Jesús cuando infringió las reglas y expresó amor en el día de reposo, ¿verdad? ¿Y qué si Homero Simpson pudiera entender este concepto?

Este libro no trata sobre el enojo de Pablo, pero parece que él tomó su ejemplo del libro de estrategias de Jesús y les dio un golpe bajo a los legalistas que aún trataban de jugar juegos religiosos con la iglesia del primer siglo: «¡Ojalá que esos instigadores acabaran por mutilarse del todo!» (Gálatas 5.12). Sí, eso fue lo que dijo. ¿Puede imaginarse cómo hubiera sido la reacción del equipo de medios de Pablo al poner eso en Twitter?

Aquí está el asunto. Tenemos la tendencia de volver a las reglas, nos hacen sentir más seguros. Quedé fascinado por una cita de Abraham Lincoln 1800 años después de que Pablo escribiera sus palabras acerbas:

> Nunca me uní a una iglesia porque se me ha hecho difícil asentir, sin reserva mental, a las declaraciones largas y complejas de la doctrina cristiana que caracterizan los artículos de sus creencias y la confesión de fe. Cuando una iglesia inscriba sobre su altar, como su único requerimiento para la membresía, la declaración condensada del Salvador de la sustancia tanto de la Ley como de los Evangelios: «Amarás al Señor tu Dios con todo tu corazón, y con toda tu alma, y con toda tu mente». A esa iglesia me uniré con todo mi corazón y toda mi mente.[5]

El legalismo pone barreras para llegar al Padre. Perdón, Abraham. Perdón, Homero. Le pido perdón a cualquier lector que haya tenido alguna vez en su vida a Jesús mal representado, especialmente si fue de mi parte.

Para la iglesia del siglo veintiuno, el legalismo ocurre lentamente a lo largo del tiempo, tal como sucedió con el sistema religioso en los días de Jesús. Me encanta la historia de la señora que cortaba las puntas del jamón antes de cocinarlo. Cuando le preguntaron por qué lo hacía, ella respondía que era lo que su mamá hacía siempre. Perpleja, más tarde llamó a su mamá, que tampoco sabía; porque había sido lo que ella aprendió. Entonces llamó a su abuela por teléfono y le preguntó, y la abuela respondió resolviendo así el misterio: «Era la única manera en que el jamón entraba en mi sartén».

Por cierto, este asunto del día de reposo nunca desapareció, a pesar de que la iglesia del primer siglo decidió adorar el domingo en lugar del sábado (día de reposo) porque fue el día que Jesús resucitó de la muerte. Los judíos cristianos podían decidir por sí mismos si continuar observando sus rituales del sábado, pero el domingo se había convertido en el día que toda la iglesia se reunía para celebrar. Entonces, a medida que pasó el tiempo, los cristianos convirtieron el domingo en la regla bienintencionada, con otra interpretación Cuñada (que ya no tiene vigencia). Por ejemplo, pastores como yo a menudo llegamos a usar este antiguo mandamiento sobre el día de reposo haciendo uso de la culpa para que la gente venga a la iglesia. Yo lo hice, y pido perdón.

No hace mucho tiempo, las ciudades quedaban prácticamente cerradas los domingos porque era «el día del Señor». No estoy diciendo que es una mala idea. Por mi parte, estoy agradecido de que Hobby Lobby cierra los domingos. Es parte de su compromiso con Dios y con las familias de sus trabajadores (y además le da a mi esposa un día menos para comprar allí). Es que cuando los cristianos hicieron de cerrar los domingos una regla, se convirtió en «una de las reglas bienintencionadas que no dan resultado», porque algunas personas no tienen otra opción que trabajar los domingos. De hecho, la iglesia del primer siglo probablemente se reunía el domingo por la noche, porque sus miembros debían trabajar. Afortunadamente, la tradición del servicio del domingo a las 11:00 AM se estableció para la comunidad agrícola con el fin de darle tiempo a los granjeros para ordeñar a sus vacas primero. Pero el cambio fue paulatino, desde la abuela que tenía una pequeña sartén para el jamón, a algo que aplicamos como ley.

Uno de mis buenos amigos se crio en una denominación que prohibía ciertas actividades los domingos. Era una regla. Esa regla básicamente se tradujo a: «Dios quiere que los domingos te aburras». Por ejemplo, tenían una piscina, pero los domingos no podían usarla; esto fue hasta que un fatídico día caluroso, después de la reunión, invitaron al pastor para almorzar en su casa. Y cuando vio la piscina preguntó: «¿Por qué no nos echamos a nadar?». Mi amigo dijo: «A partir de ese día la piscina quedó abierta 24/7, y Dios parecía… más bueno».

Claramente, como pastor de iglesia, yo diría que reunirse para adorar es importante, y deberíamos adorar juntos. El escritor a los Hebreos nos dice que no dejemos de congregarnos (Hebreos 10.25). Yo creo que la iglesia es el cuerpo de Cristo y es difícil que el cuerpo funcione si no está conectado. Entonces, el principio del día de reposo es un concepto muy diferente y mucho más profundo que «ir a la iglesia». El punto es que, de una u otra manera, no hay una casilla para marcar «tarea cumplida». No recibirá una estrella de oro si concurre a la iglesia una cierta cantidad de domingos durante su vida. Si usted lleva registro de su asistencia a la iglesia, no ha entendido lo que Dios quiere. Su experiencia en la iglesia debe ser algo que le ayude y aliente.

Por cierto, creo que debería estar allí. Pero si tiene que sacar su buey del pozo o a su hijo de un pozo de agua un domingo, por favor hágalo.

Casi abandona al cristianismo

Una de las personas que conocí que más se asemeja a Jesús casi abandona el cristianismo por este problema del legalismo. Mary Kamau es una mujer que, junto a su esposo, comenzaron un ministerio para alimentar a niños de edad escolar en los barrios marginales de Nairobi. Lo que empezó con la entrega de almuerzos a unos pocos niños creció hasta el punto de que sirven a 23.000 niños en dieciséis escuelas en Kenia.

Ella me dijo que primero conoció a Jesús de forma personal en un internado y allí dedicó su vida a Cristo, pero luego se perforó sus orejas. *Suspiro*.

Tan pronto regresé a mi dormitorio, más de diez chicas, que eran miembros del Christian Union, vinieron para preguntarme porqué me había descarriado. Quedé sorprendida y asombrada por la pregunta. Me dijeron que al perforar mis orejas significaba que yo buscaba la belleza de este mundo. Me citaron muchas escrituras y trataron de probarme lo pecaminosa que era.

Empecé a dudar que la salvación fuera real. Parecía que era algo que no muchos podían alcanzar en la vida. Sentí que había demasiados «debe» y «no debe», con los cuales no podía lidiar. Al mismo tiempo, sentí que estas personas eran egoístas y no tenían amor, porque no me enseñaron el amor. Solo me juzgaban. De hecho, no tenía Biblia, de modo que cuando me citaban esas escrituras yo no podía buscarlas para entenderlas.[6]

Felizmente, Mary pasó tiempo con una prima que verdaderamente conocía a Jesús y pudo explicar lo de sus seguidores hipócritas. Me da escalofríos solo pensar cuánto bien el mundo se hubiera perdido si Mary no hubiera encontrado un grupo de creyentes que la ayudaron a salir del juego. Ella no entendía el juego, solo sabía que no lo quería jugar.

Me encuentro con muchas personas que no llegaron a superar a los legalistas, y eso quebranta mi corazón. Cuando la gente reduce el cristianismo a una serie de reglas, eso es lo que enoja a Jesús.

Steve Brown escribe en su libro *A Scandalous Freedom*:

La buena noticia es que Cristo nos hace libres de la necesidad de estar insoportablemente centrados en nuestra bondad, nuestro compromiso y nuestra rectitud. La religión nos ha hecho obsesivos casi más allá de lo que se puede soportar. Jesús nos invitó a danzar ... y lo hemos convertido en una marcha de soldados, comprobando siempre si lo estamos haciendo bien y lo hacemos al paso y en línea con los otros soldados. Sabemos que una danza sería más divertida, pero creemos que para llegar al cielo primero debemos pasar por el infierno, así que seguimos marchando.[7]

No perdamos de vista lo que nos dice la Biblia: «Cristo nos libertó para que vivamos en libertad. Por lo tanto, manténganse firmes y no se sometan nuevamente al yugo de esclavitud» (Gálatas 5.1). Recuerde lo que dice el famoso versículo bíblico que proyectan en los partidos de fútbol americano:

Porque tanto amó Dios al mundo que dio a su Hijo unigénito, para que todo el que cree en él no se pierda, sino que tenga vida eterna. Dios no envió a su Hijo al mundo para condenar al mundo, sino para salvarlo por medio de él. (Juan 3.16, 17)

Esto nos deja con dos elecciones. Podemos admitir que apestamos para luego recibir la asombrosa gracia de Jesús en nuestras vidas, y aprender a vivir como él que es la mejor manera de vivir. O, podemos volver a la religión y a la ley, y seguir comparándonos con las personas a nuestro alrededor para que nos podamos sentir mejor acerca de nosotros mismos. No se olvide que la gente que se juntaba alrededor de Jesús no era religiosa, y que los religiosos lo mataron.

No sé quién lo dijo primero, pero:

La religión es lo que Dios quiere *de* usted.
Jesús es lo que Dios quiere *para* usted.

Las reglas no funcionan cuando usted intenta cumplirlas para estar bien delante de Dios. Homero entendía que el cristianismo era acerca de reglas bienintencionadas que no dan resultado en la vida. Ciertamente, así puede parecer en muchas de nuestras iglesias, pero no tiene por qué ser así. Especialmente cuando cambiamos nuestra perspectiva para alinearnos con el Salvador que jugó un juego diferente.

CAPÍTULO 4

CUANDO LA MORALIDAD OBSTACULIZA EL CAMINO

Reprodúzcalo al revés

*No juzguen a nadie, para que nadie los juzgue a ustedes.
Porque tal como juzguen se les juzgará, y con la medida
que midan a otros, se les medirá a ustedes. ¿Por qué te
fijas en la astilla que tiene tu hermano en el ojo, y no le
das importancia a la viga que está en el tuyo? ¿Cómo
puedes decirle a tu hermano: «Déjame sacarte la astilla del
ojo», cuando ahí tienes una viga en el tuyo? ¡Hipócrita!,
saca primero la viga de tu propio ojo, y entonces verás
con claridad para sacar la astilla del ojo de tu hermano.*

(MATEO 7.1-5)

SOY AMANTE DE muchos tipos de música. Rara vez me encontrará sin música sonando de fondo. Con buena música mi alma opera a otro nivel. Esto de alguna manera me hace un audiófilo, quiero escuchar y oír bien. Esto significa digital, no de vinilo. No puedo idealizar con el «disco de vinilo» y decirle que aún me encanta escuchar los ruidos producidos por la estática de un *Long Play*. No soy tan bacán.

Sin embargo, una de las cosas que no se puede hacer tan fácil con la música digital es reproducirla al revés. ¿Y por qué uno querría hacerlo?, me preguntará. Es que muchos de ustedes se perdieron varios períodos malos en la cultura cristiana. En los días de lo que hoy conocemos como rock «clásico», a fines de los años setenta y a inicios de los ochenta, surgió un movimiento dentro de los círculos cristianos advirtiendo sobre los peligros de la música *rock*. Esto coincidió con los principios de lo que hoy llamaríamos la música cristiana contemporánea.

Para serle enteramente honesto, no presto mucha atención a las letras. Soy uno de esos hombres que maneja su automóvil cantando lo que *le parece* que dice la letra, pero no necesariamente la letra real. Por mucho tiempo, pensé que una de las líneas de la canción de Led Zeppelin «Escalera al cielo» decía en inglés «hay un borracho por el camino». Luke Bryan también admitió en el espectáculo *American Idol* que él pensó que el título de la canción de Imagine Dragons era «Ready to Rock You», no «Radioactive». Todos lo hacemos. Y aunque entiendo que la música que sonaba a todo volumen desde el reproductor de ocho pistas de mi Volkswagen escarabajo *tenía* letras que no eran beneficiosas para mi vida espiritual, yo objetaría de que no le prestaba mucha atención.

Esta batalla contra la música *rock* que sucedió durante mi juventud era algo grande en la cultura cristiana. Había personas viajando por el país instándonos a quemar nuestra música del diablo (no entiendo por qué simplemente no la rompíamos y listo, pero me imagino que era más divertido ver cómo se derrite el vinilo). La parte más demente de esta guerra cultural era de que muchos de los llamados expertos del *rock* nos advertían que los mensajes subliminales contenidos en estos discos podrían llevarnos a querer adorar a Satanás si los reproducíamos al revés.

Sí, lo digo en serio.

Las iglesias organizaban seminarios e invitaban oradores especiales para advertir al público desapercibido de la verdadera agenda detrás de la música *rock* secular. Evidentemente, este fenómeno comenzó con el *Álbum Blanco* de los Beatles en una canción llamada «Revolution 9». Si uno la reproducía al revés, decía: «Excítame, hombre muerto». Discúlpenme, pero la canción no tenía ningún sentido escuchándola normalmente, así que eso era aún más ridículo. No obstante, toda la idea del mensaje subliminal cobró vida.

Para ser claro, muchos de estos artistas musicales admitieron estar involucrados en el ocultismo, y yo nunca quisiera minimizar las consecuencias de adorar al príncipe de las tinieblas. Algunas de las letras eran lascivas. Muchos aspectos de la música y, aun peor, la vida de muchas de las estrellas del *rock* hizo completamente obvio que los padres deberían estar preocupados acerca de los gustos musicales de sus hijos. Al menos, como padre, yo lo hubiera estado. Pero cuando la preocupación se movió a la esfera de lo subliminal, algo que solo podía ser escuchado si se lograba descifrar cómo hacer que el tocadiscos reproduzca al revés, algo que yo nunca logré entender, todo este asunto empezó a sentirse como una versión moderna de la cacería de brujas. Y esto favoreció a una polarización aún más grande entre la cultura moderna y la iglesia. Al menos así lo recuerdo yo. Era algo más profundo que tan solo una preferencia musical. Yo sentía como que la iglesia quería que escogiera entre mis amigos cristianos o mis amigos seculares.

La polarización de la música y la fe

En representación de Jesús, yo creo que esta polarización es un gran problema. Por cierto, no estoy en contra de la música cristiana; esta ayuda a mi alma casi a diario. Pero vivimos en un mundo diferente. En aquellos tiempos era muy frustrante crecer dentro de esta «polarización de la cultura» y al mismo tiempo leer:

> Vosotros sois la luz del mundo; una ciudad asentada sobre un monte no se puede esconder. Ni se enciende una luz y se pone debajo de un almud, sino sobre el candelero, y alumbra a todos los que están en casa. Así alumbre vuestra luz delante de los hombres, para que vean vuestras buenas obras, y glorifiquen a vuestro Padre que está en los cielos. (Mateo 5.14-16, RVR 1960)

Ya sé lo que está pensando, y concuerdo con usted que mis preferencias musicales no afectan necesariamente mi habilidad de ser una luz en el mundo. Y entiendo que mi luz debe ser lo suficientemente intensa para ser vista. Pero ¿por qué esconderla debajo de un cajón? No, la dejaré brillar. Mi luz será irrelevante si los que no son cristianos no pueden verla y conocerla. Peor aún, no querrán tener nada que ver con ella si llega con una actitud crítica. Así fue como se sintió mi introducción a la guerra cultural.

En el colegio bíblico me uní con un grupo de personas y una noche hicimos un piquete a un concierto de *rock*. No me siento orgulloso de lo que hice y, en verdad, tampoco el profesor que nos llevó. Solo recuerdo que sostuve un cartel y que le gritaba a la gente haciendo fila. Alguna forma de crítica como: «Jesús te ama, aunque es difícil que lo escuches por el tono de voz que estoy usando ahora, ¡por qué *te estoy gritando*!». No sé. Solo recuerdo pensar: *Esto no está ayudando y nunca más volveré a hacerlo.*

Esta es la polarización a la que me refiero. La mentalidad de «huir y esconderse» que nos lleva a alejarnos de la misma gente con la cual debemos conectarnos, acompañada de una actitud de superioridad y disgusto. Si los cristianos solo tienen fiestas de «luz» con su «música de luz» con sus amigos ya iluminados (probablemente no suena de la manera que quiero, pero usted sabe lo que quiero decir), hemos fallado en ser discípulos de Jesús alcanzando a la gente de la manera que él lo hizo.

> Muchos recaudadores de impuestos y pecadores se acercaban a Jesús para oírlo, de modo que los fariseos y los maestros de la ley se pusieron a murmurar: «Este hombre recibe a los pecadores y come con ellos». (Lucas 15.1, 2)

Preste atención a los verbos. Los pecadores se *acercaban* a Jesús para oírlo, de modo que los fariseos y los maestros de la ley se pusieron a *murmurar*. Ellos murmuraban a la gente, ni siquiera hablaban directamente con Jesús, refiriéndose a él como «este hombre».

Lo mismo ocurrió cuando Jesús decidió pasar un rato con un recaudador de impuesto llamado Zaqueo que estaba subido en un árbol.

> Cuando Jesús llegó a aquel lugar, mirando hacia arriba, le vio, y le dijo: Zaqueo, date prisa, desciende, porque hoy es necesario que pose yo en tu casa. Entonces él descendió aprisa, y le recibió gozoso. Al ver esto, todos murmuraban, diciendo que había entrado a posar con un hombre pecador. (Lucas 19.5-7, RVR1960)

La palabra «murmurar» es del griego *diagongúzo*, «quejarse o murmurar». Viene de la misma raíz de donde obtenemos la palabra diarrea, que algo nos dice. Esencialmente, la murmuración de los líderes de la iglesia a la multitud era: «Mmm..., este hombre, ¿cómo se llama? ¿Jesús? ¿Cómo pueden seguirlo y escuchar sus enseñanzas cuando recibe a los pecadores?». ¿Puede usted imaginárselos con los carteles para un piquete? Puede escuchar lo que están diciendo, ¿verdad? El hecho mismo de que los oficiales de la iglesia pongan a personas en una categoría llamada «pecadores» implica que ellos mismos no se creen pecadores.

Jesús contó una historia que lo describe perfectamente:

> Dos hombres subieron al templo a orar: uno era fariseo, y el otro publicano. El fariseo, puesto en pie, oraba consigo mismo de esta manera: Dios, te doy gracias porque no soy como los otros hombres, ladrones, injustos, adúlteros, ni aun como este publicano; ayuno dos veces a la semana, doy diezmos de todo lo que gano. (Lucas 18.10-12, RVR1960)

Ahora estamos mirando el centro del magma caliente del problema. Note la lista como va de ladrones a recaudadores de impuestos (publicanos). Cuando quiero pensar mejor de mí mismo, me ayuda tener una lista de todas las cosas que no soy. Pero seamos brutalmente honestos, este listado es una táctica de distracción. Siempre que podamos mantener el foco sobre ellos, nadie nos estará mirando a nosotros.

Es extraordinario que el fariseo haya orado de esta manera, sin mencionar que se puso de pie para hacerlo. Qué sentido de orgullo y arrogancia tan detestable. Puedo imaginarlo aclarando su garganta: ¡Ejem!, antes de empezar a orar para sí mismo. Al contar esta historia Jesús está desbordando de sarcasmo. Estoy bastante seguro de que imitó a este hombre con algún tipo de acento británico diciendo:

Dios todopoderoso del universo que reinas sobre el trono eterno más alto del cielo. He decidido honrarte con mi presencia. En este día vengo a ti agradecido, oh, omnipotente, y permíteme agradecerte porque soy buenísimo. No estoy seguro si tú tuviste algo que ver con eso, oh, Señor, pero te daré el beneficio de la duda. Ciertamente, me veo muy bien al lado de este hombre, y es el motivo por el cual me pongo de pie para mostrar la diferencia. En caso de que no hayas prestado atención, todopoderoso, «ayuno dos veces a la semana y doy diezmos de todo lo que gano».

El primer paso en el autoengrandecimiento es hacer una lista de las personas debajo de uno. El segundo paso es hacer una lista de todas las cosas que uno hace bien:

Y ya que estamos, Santo Benefactor Omnisciente, por favor no te olvides todo el bien que hice. Mi piedad y las contribuciones que he dado a tu cuenta.

Se parece a una persona que da dinero para caridad y espera que pongan su nombre en un muro de algún lugar.

Tim Keller, el pastor fundador de Redeemer Presbyterian Church dice: «Uno de los problemas del moralismo —la idea de que puedas merecer la salvación de Dios por tus buenas obras y esfuerzos morales— es que es profundamente hipócrita, no puede alcanzar sus propios estándares».[1] El problema es que el fariseo en realidad no fue al templo para orar, sino para informar a Dios lo bueno que él era. La Biblia dice que la historia de Jesús acerca del fariseo y el publicano estaba dirigida «A algunos que, confiando en sí mismos, se creían justos y que despreciaban a los demás» (Lucas 18.9).

Note que el fariseo dijo que ayunaba dos veces a la semana (Lucas 18.12). La ley judía solo requería un ayuno por año, en el Día de la Expiación. Pero a este hombre le interesaba ganarse puntos extras, así que ayunaba dos veces por semana. La historia nos dice que probablemente eran los lunes y jueves, justo en los días de «mercado» en Jerusalén cuando la ciudad estaba llena de gente. Esta farsa del ayuno era el punto que Jesús hizo en el Sermón del Monte cuando dijo:

> Y cuando ayunéis, no pongáis cara triste, como los hipócritas; porque ellos desfiguran sus rostros para mostrar a los hombres que están ayunando. En verdad os digo que ya han recibido su recompensa. Pero tú, cuando ayunes, unge tu cabeza y lava tu rostro, para no hacer ver a los hombres que ayunas, sino a tu Padre que está en secreto; y tu Padre, que ve en lo secreto, te recompensará. (Mateo 6.16-18, LBLA)

Aquellos que ayunaban literalmente se hacían ver a sí mismos como pobres, hambrientos y desposeídos tanto como les fuera posible, hasta el punto de ponerse «maquillaje de ayuno».[2] Creo que probablemente se veían como la banda de *rock* KISS (no es que yo haya escuchado ese tipo de música).

¿Y qué del otro hombre en el templo? ¿El recaudador de impuestos con la colección de música de *rock* clásico?

> En cambio, el recaudador de impuestos, que se había quedado a cierta distancia, ni siquiera se atrevía a alzar la vista al cielo, sino que se golpeaba el pecho y decía: «¡Oh Dios, ten compasión de mí, que soy pecador!». (Lucas 18.13)

Esa es la manera en que un recaudador de impuestos podría o *debería* haberse sentido. Los recaudadores de impuestos eran judíos que habían vendido a su propio pueblo, cobrando tasas de impuestos más altas para quedarse ellos con la diferencia. Con su codicia estaban ayudando a solventar las fuerzas romanas de ocupación en Palestina. Había un motivo por el cual en todas estas historias ellos tenían su propia categoría de pecadores.

Note que dice que «el recaudador de impuestos *se había quedado a cierta distancia*» (énfasis añadido). El fariseo pasó al frente y comenzó a orar acerca de sí mismo, pero el recaudador de impuestos se quedó a cierta distancia. ¿Por qué? Él sabía que no merecía estar allí. En realidad, como recaudador de impuestos, le era prohibido siquiera estar en el mismo lugar que un judío normal; por tanto, la historia tenía que ser presentada de una manera creativa. La iglesia ya había decidido que si uno iba a vender a sus hermanos y hermanas judíos, sería tratado como extraño. Como a un recaudador de impuestos que solo se le permitía hacer lo mismo que a un gentil, ir al lugar ocupado por los cambistas y los mercaderes de animales. Por este motivo, Jesús usa en su historia al recaudador de impuestos como el extremo opuesto al fariseo santo que ayuna.

Permítame inventar un término para identificar el problema con el cual el fariseo luchaba: *gracismo*. En otras palabras, el racismo religioso. *El gracismo,* así como el racismo, excluye a grupos de personas porque un grupo se cree superior a otro. En este caso, no se trata del color de la piel de una persona sino del color del pecado. *El gracismo* dice:

- «Yo solo escucho música cristiana».
- «Yo ayuno dos veces por semana».

- «Yo merezco estar con el Padre, pero usted no».
- «Yo merezco la gracia de Dios, pero usted no».

Repito, considere la audiencia a quien se dirigía la historia: «A algunos que, confiando en sí mismos, se creían justos y que despreciaban a los demás» (Lucas 18.9). Pero no crea que esto es un asunto aislado de la élite religiosa. Todos luchamos con esto. Miremos la historia de otro recaudador de impuestos. ¿Qué de aquella vez que Jesús invitó a un recaudador de impuestos a convertirse en un discípulo?

> Al irse de allí, Jesús vio a un hombre llamado Mateo, sentado a
> la mesa de recaudación de impuestos. «Sígueme», le dijo. Mateo
> se levantó y lo siguió. (Mateo 9.9)

Imagínese si usted fuera uno de los muchachos que ya seguían a Jesús y un día le toca encontrarse con este cretino repulsivo. Ese sería uno de esos días en los que le gustaría que Jesús descargue la verdad sobre esa pobre alma. Le gustaría que Jesús le diga que se irá al infierno si no endereza sus caminos. Pero, en cambio, le escucha decir: «sígueme», la última palabra que usted esperaría que Jesús le diga a ese hombre. Que le diga: «¡Arrepiéntete, pecador!». Sí. «Apestas». Sí. Pero «¿Sígueme?», ¡jamás!

El gracismo dice: «Yo merezco estar con el Padre, pero usted no».

Los historiadores nos dicen que los pescadores eran los más afectados por la explotación de los recaudadores de impuestos, porque era difícil esconder la pesca a las autoridades cuando se acercaban a la costa; el éxito de sus empresas estaba a la vista, en el fondo de sus barcas. Y como pescadores, Pedro, Andrés, Jacobo y Juan eran los menos dispuestos de aprobar la inclusión por parte de Jesús de un recaudador de impuestos a su banda de seguidores. En algún momento se habrán dado cuenta: «Un momento. "Sígueme" significa "únete a nosotros"». No queremos que ese tipo con su música *rock* satánica y subliminal esté con nosotros. Aunque eran pescadores de baja condición estaban en la lista de «aquellos que merecen estar con Dios»; ellos creían que estaban por encima de las prostitutas y los recaudadores de impuestos.

Esta es la manera como podría considerarse la jerarquía del *gracismo*:

1. Fariseos y saduceos.
2. Maestros de la Ley.
3. Personas comunes.
4. Pescadores.
5. Pecadores.
6. Prostitutas.
7. Recaudadores de impuestos.
8. Aficionados al equipo de fútbol _____
   (Usted llene el espacio).

Lo que digo es que todos miran con desprecio a alguien. Hasta los pescadores. La gente común despreciaba a los pescadores porque apestaban. Así que seguramente los pescadores se habrán sentido bien al poder descargar su desprecio sobre otros. No estoy seguro si las prostitutas despreciaban a los recaudadores de impuestos o viceversa, pero ambos definitivamente estaban más abajo que los pecadores comunes, porque cada uno era etiquetado en su propia categoría de pecado cada vez que los líderes religiosos hacían una referencia.

Mirémoslo de este modo. Si Jesús agregaba a Mateo, el recaudador de impuestos, a su equipo, esto no iba a beneficiar el estatus del grupo de sus discípulos. Estoy seguro de que los discípulos de Jesús se regocijaron el día que llamó a Lucas, el médico, a unirse con ellos. Por cierto, esto es algo que estoy inventando. No existe ningún registro que los discípulos hayan tenido estas reacciones. Podría haber sido que se emocionaron de tener a Mateo, porque tenía un carro rápido y amigos influyentes en el gobierno. Solo explico la naturaleza humana como la percibo: queremos estar rodeados de personas que nos hacen ver mejor, no peor.

«Tal vez podríamos invitar a Bono»

Nuestra iglesia está muy involucrada en la nación de Malaui en África. Hemos evidenciado un modelo fantástico en Ruanda, gracias al presidente Kagame, que en lugar de dar subsidios invitó al mundo para que ayuden en la reconstrucción de su nación. Después de leer el libro de Rick Warren, *Una vida con propósito*, se contactó con él para preguntarle si Ruanda podía ser la primera nación con propósito. Fuimos testigos de como esto fue ocurriendo de maneras sorprendentes. Así que nos unimos a la iglesia Saddleback de Warren para llevar el plan de PAZ en la nación de Malaui que es: plantar iglesias que promovían la reconciliación, capacitar a siervos líderes, asistir a los pobres, cuidar a los enfermos y educar a la próxima generación.

Durante una reunión sobre una conferencia totalmente africana, estábamos tratando de convocar a otras iglesias en los

Estados Unidos, pensando en maneras de cómo elegir a las personas claves que podríamos llevar, entonces Rick informalmente dijo: «Ayer, Bono me escribió unas líneas. Tal vez lo invitaré».

Yo le dije: «Si logras invitar a Bono, creo que podemos lograr que vaya cualquier pastor».

¡Todos quieren conocer a una estrella de *rock!* No importa si hay mensajes subliminales cuando uno reproduce la música de U2 al revés. ¡Todos quieren una oportunidad en las redes sociales con Bono! Todavía no ocurrió, pero aún tengo la esperanza.

Una de las historias más grandes que nunca llegamos a escuchar en la Biblia es lo que ocurrió después de que Jesús invitó a Mateo a unirse con él. La Biblia dice que «muchos recaudadores de impuestos y pecadores llegaron y comieron con él y sus discípulos» (Mateo 9.10). ¡Dice que Jesús fue a la casa de Mateo! ¡Tal vez tuvieron una fiesta! Pero, «cuando los fariseos vieron esto, les preguntaron a sus discípulos: "¿Por qué come su maestro con recaudadores de impuestos y con pecadores?"» (v. 11). Esto era tan ofensivo y moralmente incorrecto que los fariseos ni siquiera sintieron la necesidad de explicarse.

«Al oír esto, Jesús les contestó: "No son los sanos los que necesitan médico, sino los enfermos"» (v. 12). Luego dijo algo que yo tomo como otro momento en que Jesús usó el sarcasmo: «Pero vayan y aprendan qué significa esto: "Lo que pido de ustedes es misericordia y no sacrificios"» (Mateo 9.13). No podemos darnos cuenta si él estaba enojado o no, pero a mí me parece que sí porque cuando les dijo: «vayan y aprendan qué significa esto», a los mismos que «confiando en sí mismos, se creían justos y que despreciaban a los demás» (Lucas 18.9), estos líderes religiosos deben haberse ofendido. Y más aún, porque la profecía de Oseas dice: «Lo que pido de ustedes es amor y no sacrificios»

(Oseas 6.6), es algo que ellos habrían memorizado desde jóvenes. Básicamente, les estaba diciendo: «Yo sé que ustedes *conocen* esta escritura que estoy por recordarles. Ahora vayan y aprendan *qué significa*». Ellos sabían que Dios deseaba la misericordia. El asunto es que no lo creían, ni tampoco querían vivir conforme a la misericordia.

En otras palabras, Jesús les estaba diciendo: «De antemano, ustedes deben entender que el objetivo no es crear iglesias con gente que se cree justa y trata a los demás con desprecio. ¡Eso es exactamente lo opuesto de lo que quiero!».

Regresemos a la historia de Jesús acerca del fariseo y el recaudador de impuestos que fueron a la iglesia a orar. El punto clave es este: justificado.

> Les digo que este [el recaudador de impuestos], y no aquel, volvió a su casa justificado ante Dios. Pues todo el que a sí mismo se enaltece será humillado, y el que se humilla será enaltecido. (Lucas 18.14)

Quizás no entendamos todas las cuestiones culturales en la historia de Jesús, pero es evidente que Jesús no pudo haber usado un contraste más drástico en la humanidad que ilustre mejor esta historia. Muchos de nosotros no nos sentimos engreídos como este fariseo. Por las noches no nos quedamos acostados pensando: *Ay, que buena persona que soy.* Y, por otro lado, tampoco somos tan malos como el recaudador de impuestos. Todos pensamos que quizás estaríamos en algún lugar intermedio, tal vez con una inclinación hacia el lado bueno.

Pero nada de esto importa. Ser justificado no tiene nada que ver en absoluto con la bondad o seguir las reglas o qué tipo de música usted escucha. Es exactamente lo opuesto. Esto es especialmente conmovedor cuando se considera que una gran parte de las escrituras que hemos leído fueron escritas por Mateo, el recaudador de impuestos. De hecho, cuando usted observa la manera en que Jesús interactuaba con la gente en los evangelios, parecería que cuanto más la persona obedecía a las reglas, más difícil se le hacía humillarse delante de Dios y pedir misericordia.

Me sentiría bien si terminara el capítulo aquí, pensando que lo tengo todo entendido. Pero ¿en qué categoría estoy? Ah, sí. El problema con el orgullo es que es muy fácil verlo en los demás, pero muy difícil verlo en uno mismo. Es doloroso pensar esto cuando pienso en cómo la iglesia se ha conducido desde que Jesús regresó al cielo.

Si no fuera cuidadoso en este punto, como líder de la iglesia, podría fácilmente decir: «Dios, te doy gracias de que no soy como otros cristianos que son hipócritas y santurrones, o como este fariseo. Ya lo entiendo claramente. Mi iglesia es *para* los pecadores y recaudadores de impuestos».

A lo que Jesús me diría: «Ahora ve y aprende qué significa esto...».

Porque tan pronto comienzo a poner a la gente en categorías, comienzo a caer nuevamente en el *gracismo*. «¡Oh Dios, ten compasión de mí, que soy pecador!» (Lucas 18.13).

CAPÍTULO 5

CUANDO LA HIPOCRESÍA OBSTACULIZA EL CAMINO

Posando para fotografías que no están siendo tomadas

¡Ay de ustedes, maestros de la ley y fariseos, hipócritas!, que son como sepulcros blanqueados. Por fuera lucen hermosos, pero por dentro están llenos de huesos de muertos y de podredumbre.

(MATEO 23.27)

DE TODAS LAS CANCIONES DE JOHN MAYER, mi predilecta de todos los tiempos es una de las primeras que compuso llamada «Comfortable». Es probable que sea mi canción preferida de todos los tiempos, punto. Es una canción bellamente escrita acerca de la ruptura de una relación. Él tiene una nueva chica, pero extraña aquella con la cual se sentía cómodo.

De acuerdo con Mayer, cambiar de una relación a otra no es tan maravilloso como parece. Hay algo para decir del bienestar que ofrece la relación a largo plazo. Para la mayoría de los oyentes, esta es otra triste lección de la vida. Pero la razón por la que esta canción es importante para mí es por su descripción de la nueva chica: «Ella dice que la Biblia es todo lo que lee. Y prefiere que no hable vulgaridades».

Sus amigos piensan que ella es maravillosa porque es una buena chica. Pero él no está muy seguro. Él extraña lo anterior, la relación cómoda que tenía con la chica de ropa deportiva gris, y desea que aun estuvieran juntos. Lo que es peor, hay algo acerca de esta nueva chica que le molesta más que su relación sea nueva, su reducido pensamiento literario y verbal. Él canta: «Ella piensa que yo no puedo ver la sonrisa que finge. Hace poses para fotografías que no están siendo tomadas».

En este momento estoy en un avión escuchando la canción. La escuché miles de veces, pero mi corazón aún se quebranta. Para mí, es una canción con un punto de vista diferente sobre la ruptura de una relación. Me da pena de John y de su amor anterior, pero me da más pena la chica nueva y todo lo que ella vive. ¿Será que la hipocresía es una decisión? ¿O es algo impuesto por las expectativas de otras personas? A pesar de esta relación, la vida de ella debe ser muy incómoda. Porque no está viviendo de veras la vida bíblica que ella dice vivir.

La hipocresía es muy incómoda.

Desearía que la parte de la canción de la ruptura fuera sobre la separación de lo verdadero y lo falso que esta chica adoptó. No me mal entienda. Yo también leo la Biblia y mi esposa prefiere que no hable vulgaridades (No me dejan colocar dibujos de sonrisas aquí, así que mi sarcasmo puede que sea difícil de leer). No puedo imaginarme lo que es vivir posando para una fotografía con una sonrisa falsa y hacerlo hasta en la presencia del hombre con quien comparte su vida.

Pero, tal vez sí pueda hacerlo. Este tipo de hipocresía fue frustrante para Jesús por muchos motivos.

¡Ay de ustedes, maestros de la ley y fariseos, hipócritas! Limpian el exterior del vaso y del plato, pero por dentro están llenos de robo y de desenfreno. ¡Fariseo ciego! Limpia primero por dentro el vaso y el plato, y así quedará limpio también por fuera.

¡Ay de ustedes, maestros de la ley y fariseos, hipócritas!, que son como sepulcros blanqueados. Por fuera lucen hermosos, pero por dentro están llenos de huesos de muertos y de podredumbre. Así también ustedes, por fuera dan la impresión de ser justos, pero por dentro están llenos de hipocresía y de maldad. (Mateo 23.25-28)

Mientras tanto, se habían reunido millares de personas, tantas que se atropellaban unas a otras. Jesús comenzó a hablar, dirigiéndose primero a sus discípulos: «Cuídense de la levadura de los fariseos, o sea, de la hipocresía». (Lucas 12.1)

Jesús no solo se incomodaba con la hipocresía. La hipocresía lo enojaba.

Lo que es aún más difícil sobre este asunto, y la razón por la que me da tanta pena por la nueva novia de John, es que estoy cien por ciento seguro de que ella nunca pensó ser hipócrita. Ni tampoco estos vasos sucios, los sepulcros blanqueados del tiempo de Jesús. Nunca ocurre a propósito. La naturaleza de pecado en nuestra vida nos lleva a escondernos siempre. Al principio cuando Adán y Eva abrieron la puerta al pecado en este mundo, lo primero que hicieron fue esconderse: «Cuando el día comenzó a refrescar, el hombre y la mujer oyeron que Dios el SEÑOR andaba recorriendo el jardín; entonces corrieron a esconderse entre los árboles, para que Dios no los viera» (Génesis 3.8).

La hipocresía es acerca de esconderse.

La gran ironía de la canción de John Mayer es que él dice que están durmiendo juntos. Es irónico, porque si esta chica tuviera la perspectiva de que la Biblia es buena y decir vulgaridades es malo, entonces no habría forma posible donde ella se sienta más cómoda teniendo relaciones sexuales fuera del matrimonio que con las vulgaridades que alguien pudiera decir.

A menos que su comodidad solo esté fundamentada en lo que otros ven. Es solo una canción, y probablemente no esté basada en una situación real. Pero cuando las palabras vienen de una famosa estrella de *rock*, le da a la letra un giro interesante. Cualquiera que salga con una estrella de *rock* sabe que le tomarán fotografías, sea ella famosa o no. «Ellos» podrían tomar fotografías de ella no leyendo la Biblia. «Ellos» podrían escuchar a su novio usar lenguaje inapropiado. Pero «ellos» en verdad no pueden saber lo que ella hace a puerta cerrada. Así opera la hipocresía.

Bob Goff, autor de *A todos, siempre*, lo describe de esta manera:

Alguien nos dice lo que Dios quiere y no quiere que hagamos. Se nos dice que no debemos beber, o maldecir, o mirar ciertas películas. Se nos dice que deberíamos querer tener «momentos de silencio» por las mañanas y hablar con los extraños sobre «una relación con Dios». Se nos dice que deberíamos ir en «viajes misioneros» y «testificarle» a la gente, y a veces lo hacemos aun cuando no entendemos verdaderamente lo que las palabras significan, pero a menudo solo lo hacemos por un tiempo corto. Pero después de un tiempo, lo que se mira como fe en verdad ya no lo es. Es solo cumplir. El problema con solo cumplir es que nos convierte en actores. En lugar de nosotros mismos tomar las decisiones, leemos las líneas de un libreto que alguien nos dijo que debíamos respetar y sacrificar nuestra capacidad para decidir por nosotros mismos.[1]

Entonces, ¿a qué fuimos llamados? ¿Estamos tratando de hacer coincidir nuestro exterior con nuestro interior? ¿O viceversa? Leamos lo que nos dice Jesús sobre los beneficios de un corazón limpio:

—¿También ustedes son todavía tan torpes? —les dijo Jesús—. ¿No se dan cuenta de que todo lo que entra en la boca va al estómago y después se echa en la letrina? Pero lo que sale de la boca viene del corazón y contamina a la persona. (Mateo 15.16-18)

En otras palabras, es en nuestro corazón donde verdaderamente están los problemas. Como nos vemos por afuera es sumamente irrelevante cuando lo comparamos con nuestro interior.

Curiosamente, Jesús nunca se enojó por el corazón contaminado. Él nunca les gritó a los recaudadores de impuestos, a las prostitutas o los «pecadores». Por cierto, habló del pecado y lo que un corazón contaminado puede hacerle a una persona. Incluso dijo: «vete, y no peques más» (Juan 8.11, RVR1960), pero Jesús sabía que nunca seríamos sanos hasta que nos quitáramos el maquillaje.

No quiero ser mal entendido. Créame que entiendo plenamente los peligros del pecado. Al leer este libro, algunos cristianos bienintencionados podrían pensar que tomo el pecado de manera liviana. Entiendo que estoy caminando sobre el filo de la navaja entre la gente que quiere hacer más cosas para legislar la moralidad y aquellos que no creen que la moralidad es siquiera un concepto legítimo. Probablemente sea una situación de perder, pero si voy a errar, me quedo con Jesús. Recuerden lo que Jesús les dijo a los líderes religiosos: «No son los sanos los que necesitan médico, sino los enfermos. Y yo no he venido a llamar a justos, sino a pecadores» (Marcos 2.17). ¡Que por cierto, se trata de todos! Así que hablemos sobre el asunto del pecado antes de seguir adelante.

El pecado es malo. Jamás hubo un momento en mi vida que por tener el vaso sucio, usando la ilustración de Jesús, me haya resultado en algo bueno. Cuando mi corazón se contamina por el pecado, me afecta en maneras drásticas. Sé que si no lavo el vaso, podría sufrir una infección o una enfermedad. Por este mismo motivo, intento de acordarme de cambiar mi cepillo dental después de sanarme de un resfrío o una gripe, para no correr el riesgo de tener que pasar por la misma experiencia otra vez. La contaminación interior es mortal y no importa cómo se vea lo exterior.

Estoy completamente de acuerdo con el apóstol Pablo cuando habla del pecado como esclavitud, prisión y muerte.

> Pero me doy cuenta de que en los miembros de mi cuerpo hay otra ley, que es la ley del pecado. Esta ley lucha contra la ley de mi mente, y me tiene cautivo. ¡Soy un pobre miserable! ¿Quién me librará de este cuerpo mortal? (Romanos 7.23, 24)

Permítame recordarle que soy pastor, lo cual significa que acompaño a otras personas que pasan por la experiencia de vivir una vida contaminada. Cuando miro el daño colateral que produce el pecado en los matrimonios, las familias y las personas, nunca podría mirar indiferente a una vida llena de huesos muertos. He sido delegado para ayudar a que las personas limpien su desorden, y siempre hay un desorden. Sin embargo, hay algo peor que su pecado: la hipocresía acerca de su propio pecado.

La definición de *hipocresía* viene del teatro. Literalmente significa «usar una máscara». El problema con la máscara de la hipocresía es que con el pasar del tiempo se vuelve imposible no creer en su propio pretexto, es decir, su propia actuación. Usted acaba por adaptarse al personaje en su drama. Esto es exactamente lo que pasó con los fariseos. ¿Recuerda el versículo anterior donde Jesús contó la historia del fariseo que estaba de pie y el arrepentido recaudador de impuestos? Él

> Hay algo peor que su pecado: la hipocresía acerca de su propio pecado.

la contó porque algunos «confiaban en sí mismos, se creían justos y despreciaban a los demás» (Lucas 18.9). Ellos sinceramente creían que con seguir las reglas era suficiente, sin importar lo que estuviera ocurriendo en sus corazones. (Aquí habría que poner el tema musical del *Fantasma de la ópera*: «Cierra tus ojos pues tus ojos solo te dirán la verdad, y la verdad no es lo que quieres ver. En la oscuridad es fácil fingir, pero la verdad es lo que debe ser»).

Permítame demostrárselo con una historia graciosa. Un vaquero en un bar de Nuevo México pide tres cervezas y se sienta en la parte de atrás, tomando un sorbo de cada una en turnos. Cuando las termina, regresa a la barra y pide tres más. El barman le dice, «Para que sepa, después que sirvo una jarra de cerveza, esta se achata. Tendría mejor sabor si compra una a la vez».

El vaquero le responde: «Bueno, como verá, el asunto es así. Yo tengo dos hermanos. Uno está en Flagstaff y el otro en Albuquerque. Cuando salimos de casa, nos prometimos beber de esta manera para recordar los días en que bebíamos juntos. Tomo una por cada uno de mis hermanos, y una para mí».

El barman le dice que es una linda costumbre.

El vaquero se convierte en un cliente regular y siempre pide tres jarras de cerveza y las va tomando por turnos. Finalmente, un día llega y solo pide dos cervezas. Todos los que iban regularmente se dieron cuenta y quedaron en silencio. Cuando regresa a la barra para la segunda ronda, el barman le dice: «No queremos molestarlo en su duelo, sino ofrecerle nuestras condolencias por su pérdida».

El vaquero los mira desconcertado por un momento. Y entonces se dio cuenta de lo que pensaban y dijo: «Oh, no, todos están muy bien. Es solo que mi esposa y yo nos unimos a la iglesia Bautista y tuve que dejar de beber; pero a mis hermanos no les afectó».

Esto es gracioso. No importa lo que usted diga.

En el próximo capítulo hablaré un poco más sobre la cerveza, pero por ahora concentrémonos en lo que enojó a Jesús: la hipocresía. Cuando la gente me dice que la iglesia está llena de hipócritas, tengo una de dos respuestas (dependiendo de mi estado de ánimo):

1. Así es. Siempre lo ha estado.
2. Yo sé que usted lo es, pero ¿yo lo soy? (Depende cuán maduro me esté sintiendo).

La iglesia siempre estuvo llena de hipócritas y siempre lo estará porque la iglesia está compuesta de personas y todas las personas tienen algún grado de hipocresía. Créame, yo soy un hipócrita. Es mejor admitirlo de entrada. Yo uso máscaras. Algunas personas realmente creen que son honestas y transparentes, lo que para mí prueba que son hipócritas. Es como preguntarle a una persona si es mentirosa. Si dicen «no», acaban de mentir. Quizás no recuerden una mentira específica, pero ellos saben muy bien que alguna vez han mentido.

¿Será que estos pantalones hacen que mis nalgas se vean muy grandes? ¿Usted que piensa?

El problema con mentirme a mí mismo acerca de mi propia pecaminosidad, la suciedad en mi vaso, y de creerme justo por mis propios méritos, es que nunca podré ser mejor a menos que sea honesto conmigo mismo. Los alcohólicos anónimos aprendieron esto hace mucho tiempo, por eso mandan a que todos se presenten a sí mismos con su nombre y calificativo: «soy un alcohólico». Ellos tienen un eslogan: «El ser humano está tan enfermo como sus secretos». Ese es uno de los problemas con la hipocresía.

Si usted no es honesto consigo mismo, se quedará atascado donde está. Si usted no es honesto consigo mismo, será un obstáculo para su crecimiento. Cuando se trata de usted, su Padre no está interesado en su comportamiento exterior, él quiere lo mejor para usted: «Porque Jehová no mira lo que mira el hombre; pues el hombre mira lo que está delante de sus ojos, pero Jehová mira el corazón» (1 Samuel 16.7, RVR1960).

Él ya sabe de todas las cosas sucias y muertas que hay en su corazón y no tiene ningún interés en cómo usted se hace ver por fuera. Lo que él desea es limpiarlo, pero cuanto más tiempo se deje la máscara puesta, más difícil será que pueda verse claramente a sí mismo.

Si no puede verse a sí mismo, jamás podrá arreglarse

Una vez compré un espejo, y no se veía bien. Podía ver mi imagen, pero no era clara, hasta que me di cuenta de un adhesivo que había en la base que decía: «Quite el plástico protector». A veces la película adhesiva que colocan sobre los nuevos electrodomésticos y muebles es tan trasparente y tan bien puesta que usted ni siquiera lo nota. Por cierto, cuando quité el plástico, el espejo reflejaba mi imagen tal como soy. Algunas mañanas lamento no haberlo dejado puesto, pero el punto es que la hipocresía es como el plástico protector. Protege de que otros lo vean a uno como realmente es y, desafortunadamente, también impide que usted pueda verse a sí mismo. Si no puede verse a sí mismo, jamás podrá arreglarse.

Usted sabe que esto es verdad, porque es mucho más fácil identificar los problemas en los demás. Pensamos, *¿Por qué no pueden ver el plástico protector?* Para algunos de ustedes, su experiencia familiar hubiera sido totalmente diferente si alguien hubiera tenido la habilidad para decirle a sus seres queridos que enfrenten lo que *usted* sabía que era verdad. Piense lo diferente que hubiera sido su familia si su papá o mamá hubieran sido honestos consigo mismos. Pero se escondieron, y luego fabricaron excusas en lugar de tomar su responsabilidad. O tal vez usted ha sido parte de una intervención donde un ser querido no podía lidiar con su propia realidad hasta que un grupo de personas asintiera con la cabeza al mismo tiempo. Me ha tocado estar en algunas intervenciones y puedo decirle que ver a personas que usted ama quitar el adhesivo protector, no es divertido.

La hipocresía le conduce a continuar haciendo las mismas cosas una y otra vez. Me encanta la manera que Portia Nelson ilustra este concepto en su poema titulado «Hay un agujero en mi acera»:

Capítulo Uno
Bajo por la calle.
Hay un hoyo profundo en la acera.
Me caigo dentro,

estoy perdida… me siento impotente.

No es culpa mía.

Tardo una eternidad en salir de él.

Capítulo Dos

Bajo por la misma calle.

Hay un hoyo profundo en la acera.

Finjo no verlo.

Vuelvo a caer dentro.

No puedo creer que esté en el mismo lugar.

Pero no es culpa mía.

Todavía me lleva mucho tiempo salir de él.

Capítulo Tres

Bajo por la misma calle.

Hay un hoyo profundo en la acera.

Veo que está allí.

Caigo en él de todos modos… es un hábito.

Tengo los ojos abiertos.

Sé donde estoy.

Es culpa mía.

Salgo inmediatamente de él.

Capítulo Cuatro

Bajo por la misma calle.

Hay un hoyo profundo en la acera.

Paso por un costado.

Capítulo Cinco

Bajo por otra calle.[2]

Guiar a otros al hoyo

Ya que hablamos de hoyos, lo peor de la hipocresía no es el hoyo donde caigo yo. Mateo 15 nos recuerda: «Y, si un ciego guía a otro ciego, *ambos* caerán en un hoyo» (Mateo 15.14, énfasis añadido).

Lo que enojó a Jesús no es el daño que nos hacemos a nosotros mismos como resultado de nuestra hipocresía, sino lo que le hacemos a los que nos siguen. Jesús estaba enojado con los hipócritas religiosos porque su falsa piedad religiosa estaba afectando al resto del mundo: «Les cierran a los demás el reino de los cielos» (Mateo 23.13).

Una cosa es ser un hipócrita. Y otra cosa es ser un hipócrita parado en una plataforma cada semana, hablando supuestamente de parte de Dios. El problema con este tipo de hipocresía es que distorsiona la verdad de quién es Dios y la intención de su corazón. Es como el imán que desvía la aguja de la brújula haciendo que apunte en la dirección incorrecta. Si la persona no puede encontrar el verdadero norte, estará perdida, «ciega». Las personas en el liderazgo tienen la responsabilidad y el privilegio de guiar a sus seguidores hacia un destino deseado. Cuando vino Jesús, sus seguidores estaban muy perdidos, principalmente porque los líderes de la iglesia los habían confundido con su hipocresía. Esto enojó a Jesús. Sabemos esto por la reacción de los discípulos cuando él condenó la hipocresía de los fariseos:

> Entonces se le acercaron los discípulos y le dijeron:
> —¿Sabes que los fariseos se escandalizaron al oír eso?
> —Toda planta que mi Padre celestial no haya plantado será arrancada de raíz —les respondió—. Déjenlos; son guías

ciegos. Y, si un ciego guía a otro ciego, ambos caerán en un hoyo.
(Mateo 15.12-14)

Espero que usted pueda ver lo disgustado que estaba Jesús.
Aun los discípulos vieron su enojo y les dio vergüenza por su fuerte objeción a la hipocresía de los fariseos. Estos discípulos tampoco eran exactamente los pilares de la corrección política. Jacobo y Juan fueron apodados los «Hijos del trueno» (Mateo 3.17). No parece que hayan sido de modales suaves, ¿verdad? Así que cuando los «Hijos del trueno» creen que una persona debería calmarse, es porque en verdad la persona estaría furiosa. Para Jesús, no era momento de suavizar sus palabras porque había personas que estaban cayendo en los hoyos. Si los líderes de la iglesia querían caer en ellos, era asunto de ellos, ¡pero había otras personas que los estaban siguiendo!

Para aquellos de ustedes que son líderes en la iglesia, estoy sugiriendo que ha llegado el momento para tener más transparencia. Deje de posar para fotografías que no están siendo tomadas. Lidere como alguien que también ha caído en un hoyo y que conoce un camino para evitarlo.

Para aquellos de ustedes que han sido heridos o aun abusados por algún miembro o líder de la iglesia que se pone máscara, quisiera que fuera diferente y que no sea algo muy común. Si esa es su historia, por favor acepte mi disculpa de parte de la iglesia por permitir que eso suceda. No entiendo por qué Dios no intervino para que no suceda, pero sé que él no lo causó. Y nosotros, como líderes de la iglesia, debimos haberlo evitado.

Y a todos les digo, pasemos más tiempo pensando en lo interior, porque solo estamos tan enfermos como nuestros secretos. Ahora, regresemos a la historia del vaquero y su dilema con la cerveza.

CAPÍTULO 6

CUANDO LA TRADICIÓN OBSTACULIZA EL CAMINO

Un hombre entra en un bar

*Porque vino Juan el Bautista, que no comía pan ni bebía
vino, y ustedes dicen: «Tiene un demonio». Vino el Hijo
del hombre, que come y bebe, y ustedes dicen: «Este es un
glotón y un borracho, amigo de recaudadores de impuestos
y de pecadores». Pero la sabiduría queda demostrada por
los que la siguen.*

(LUCAS 7.33-35)

Contestó Jesús:

*—¡Ay de ustedes también, expertos en la ley! Abruman
a los demás con cargas que apenas se pueden soportar, pero
ustedes mismos no levantan ni un dedo para ayudarlos.*

(LUCAS 11.46)

*Si con Cristo ustedes ya han muerto a los principios de
este mundo, ¿por qué, como si todavía pertenecieran al
mundo, se someten a preceptos tales como: «No tomes en tus
manos, no pruebes, no toques»? Estos preceptos, basados en
reglas y enseñanzas humanas, se refieren a cosas que van*

a desaparecer con el uso. Tienen sin duda apariencia de
sabiduría, con su afectada piedad, falsa humildad y severo
trato del cuerpo, pero de nada sirven frente a los apetitos
de la naturaleza pecaminosa.

(Colosenses 2.20-23)

UNO DE MIS MEJORES AMIGOS, Bill, creció con un padre que fue veterano de la Segunda Guerra Mundial y gerente de uno de los clubes de la Legión Estadounidense.

Un día estábamos hablando acerca de Jesús, la hipocresía y el legalismo, y Bill me contó más acerca de su experiencia con la iglesia:

Cuando era niño andaba con mi bicicleta por todo el pueblo. A menudo, pasaba por el club y me detenía allí para ver qué sucedía, tal vez conseguir algo de dinero, un refresco o lo que fuera. Yo iba bastante seguido por el club.

Entre la escuela media y superior, comencé a salir con una chica que era muy bonita. En ese tiempo yo no era un seguidor de Cristo, pero su familia si lo era. Su familia era para mí un buen ejemplo de lo que es una familia cristiana saludable, la cual me llevó a Jesús, siendo una decisión difícil al mismo tiempo.

Una de las grandes luchas que tuve al principio era qué hacer con mi papá y su trabajo. Dejé de ir al club donde él trabajaba porque ciertas personas de la iglesia que eran influyentes en mi vida me dijeron: «No deberías estar allí. No debes estar en ese tipo de ambiente».

Hubiera deseado darme cuenta de que esas personas solo eran bienintencionadas. Y aunque el principio general puede haber sido cierto, al mismo tiempo perdí mi oportunidad de ser Jesús para mi papá. El club era el lugar que él más frecuentaba, no iba a la iglesia. Él no iba a venir a mi territorio como lo hace un creyente. Él no iba a presentarse en la iglesia un fin de semana y decirme: «Dime más». Mi papá no era así.

No fue hasta mucho más tarde en la vida que me di cuenta de que no había nada «pecaminoso» en ir a ese lugar, sentarme en el bar donde mi papá trabajaba, conocer a sus amigos, ver lo que hacían, o tan solo estar allí.

Me acuerdo de mis conversaciones interiores en ese tiempo. *¿Y qué si ven tu automóvil en el estacionamiento? ¿Qué clase de testimonio sería? ¿Y qué si te ven caminando por ahí y piensan que has estado bebiendo?* Me entristece, porque… daría… cualquier cosa… por sentarme en el bar con mi papá… una vez más.

Mi papá llegó a Cristo y estuvimos bien durante los últimos años de su vida. Lo que no quiero jamás es que personas como mi papá perciban que hasta que no tengan todo en orden Jesús les dará la espalda. Es exactamente lo opuesto, absolutamente lo opuesto.

Lo que mi papá necesitaba escuchar, lo que sus amigos necesitaban oír, era: «Mira… sé que tal vez en este momento todo sea un caos en tu vida, pero Jesús te ama y quiere tener una relación contigo. No puedes arreglar todo por ti mismo. Tal vez sean… tres pasos adelante y dos pasos atrás, pero estamos contigo en este viaje».

«Jesús te ama» es un mensaje que la gran mayoría de las personas cree, pero piensan que es así porque él *tiene* que amarlos, por ser Dios. La idea que Jesús *se agrada* de ti es diferente;

me refiero al hecho que él quiere estar contigo, aun cuando las cosas en tu vida no están ordenadas. Honestamente, ese es un mensaje mucho más difícil de entender.

La realidad de que Jesús hubiera querido estar conmigo en el bar de mi papá, es lo que el mundo necesita oír.[1]

No podría estar más de acuerdo y Jesús también.

En mi mundo

Odio lo que el alcoholismo hace a las personas. He visto cómo el alcohol arruinó la vida de muchos. No estoy seguro de por qué Dios creó el proceso de fermentación o por qué creó plantas que uno puede secar, fumar y drogarse. Ni tampoco por qué creó los mosquitos. Pero, por el bien de este libro, digamos que sí.

Desde el principio nuestra responsabilidad ha sido la administración de la creación. Cada persona debe decidir cómo cree que Dios quiere que las cosas resulten. Yo no fumo marihuana, mato a todos los mosquitos que puedo y de vez en cuando me tomo un vaso de vino. Esto último es algo nuevo para mí. Así como aquellas personas en la iglesia de Bill, yo crecí como abstemio. (Una palabra que es mucho más divertida decir de lo que debería ser, ¿no le parece?).

Cuando era joven, en mi mundo el alcohol era malo. Era pecado. Fin de la historia. Luego me mudé a Chicagolandia para pastorear una iglesia. El alcohol se considera en diferentes maneras dependiendo en qué parte del país uno se encuentre. Digamos que Chicagolandia no se la conoce por ser abstemia. Nunca me olvidaré de la primera vez que uno de mis líderes de la iglesia me ofreció una cerveza. Quedé en shock. Afortunadamente, no hice un gran alarde del asunto. Pero me dije a mí mismo: *Totó, me parece que ya no estamos en Kansas.*

Eventualmente, mi esposa y yo llegamos a entender las diferencias culturales entre el lugar donde nos criamos y Chicagolandia. El ochenta por ciento de las personas en nuestra área son de trasfondo católico. Y aunque tienen respeto y hambre por la Palabra de Dios, muchos han abandonado la búsqueda de conocer más acerca de su amor y su gracia.

Al adaptarme a esta nueva demografía, me hice más simpatizante del equipo de fútbol americano Notre Dame, me acostumbré a que la gente llamara misa a la reunión y que me digan a mí el «Padre Tim». Esto también me obligó a pensar y a reexaminar lo que en verdad era tradición versus lo ordenado en las escrituras. Y aunque encontré que algunas de las cosas que hacen los católicos no están fundamentadas en la escritura, algunas de las cosas que mis teólogos evangélicos conservadores me enseñaron tampoco lo estaban.

Este asunto del alcohol podría parecer un desperdicio de papel para algunos de ustedes, pero para muchos otros cristianos el alcohol es un tema tabú. Estas personas, como las de la historia de Bill en las páginas anteriores, me enseñaron que el alcohol era malo. Punto. Tengo que admitir que esto fue confuso para mí siempre.

Como dije antes, nunca fui un alumno complaciente; por eso hacía las preguntas obvias acerca del vino en la Biblia. ¿Qué era exactamente el «fruto de la vid» que Jesús compartió en la mesa durante la Última Cena? La respuesta que recibí fue que era un vino diluido con agua y con un contenido muy bajo de alcohol, probablemente porque la gente en esos días no tenía los medios para purificar el agua, así que el vino diluido habría sido más seguro. El apóstol Pablo le dijo a su joven discípulo, Timoteo: «No sigas bebiendo solo agua; toma también un poco de vino a causa de tu mal de estómago y tus frecuentes enfermedades» (1 Timoteo 5.23).

Pero de todos modos uno podría igual embriagarse tomando vino diluido con agua, ¿verdad? Bueno, las instrucciones de Pablo eran que él debía tomar un *poco* de vino, por lo que debió existir un motivo por el cual no debía tomar mucho. Además, es la misma palabra que Pablo usó en Efesios 5 cuando instruyó a la iglesia a no embriagarse con vino, lo cual estoy de acuerdo que no se ajusta a la voluntad de Dios, para la manera que él quiere que vivamos. Así que regresemos al argumento del vino diluido con agua. El vino común tiene alrededor de trece a catorce por ciento de alcohol por volumen y la cerveza normalmente es de cuatro a seis por ciento. Digamos que el vino se diluye al nivel de alcohol de la cerveza. ¿Puede usted embriagarse con cerveza? ¿Alguna vez estuvo en un partido de pelota de las ligas mayores?

¿Podría haber sido jugo de uva sin fermentar? No. Hubiera sido muy difícil en ese período de la historia y en ese clima cálido conservar el «fruto de la vid» de tal manera que no fermentara. No tenían un gran refrigerador de dos puertas como tenemos en la cocina de la iglesia. Yo sé por experiencia personal que si se deja el jugo de uva sin refrigerar empieza a transformarse en vino.

Luego está el asunto del primer milagro de Jesús en la boda. En mis archivos tengo una foto divertida donde alguien cambió los carteles en un supermercado. Tomaron un cartel que decía «Agua» y lo pusieron sobre la estantería del vino, y un subtítulo decía: «Jesús estuvo aquí». Sí. Jesús hizo vino. En realidad, Jesús hizo un buen vino. ¿Jesús haría cualquier vino en su primer milagro? Eso no tendría ningún sentido cuando leemos lo que dijo el encargado del banquete: «¡Esto sí que está bueno!» (Juan 2:9, 10, paráfrasis). Jesús hizo alcohol. Jesús tomó alcohol. Ahí está, lo dije.

En Lucas 7.33, 34 Jesús dijo: «Porque vino Juan el Bautista, que no comía pan ni bebía vino, y ustedes dicen: "Tiene un demonio". Vino el Hijo del hombre, que come y bebe, y ustedes dicen: "Este es un glotón y un borracho, amigo de recaudadores de impuestos y de pecadores"». Él hizo un contraste entre Juan el Bautista que no tomaba alcohol y su propia práctica porque los líderes de la iglesia lo estaban acusando de ser un borracho. La borrachera es pecado, y Jesús nunca pecó, así que eso era mentira; Jesús tampoco era glotón. Pero la implicación es clara. Jesús hizo y tomó vino que tenía el potencial de causar la embriaguez.

> Jesús hizo alcohol.
> Jesús tomó alcohol.
> Ahí está, lo dije.

Escuche, la gran mayoría de los cristianos están de acuerdo en que la borrachera es pecaminosa y Cristo mismo nos advierte al respecto (Lucas 12.45). En la Escritura hay muchas advertencias sobre el abuso del alcohol, como encontramos en Proverbios 20.1: «El vino lleva a la insolencia, y la bebida embriagante al escándalo; ¡nadie bajo sus efectos se comporta sabiamente!».

Hay muchos que hablarían favorablemente sobre los beneficios para la salud al tomar un poco de alcohol. Yo he sido uno de ellos. Hay evidencia acerca de este hecho, pero un nuevo estudio publicado por el *Lancet* dice que ninguna cantidad de alcohol es segura para su salud general. El alcohol estuvo ligado a 2.8 millones de muertes en 2016.[2]

Mi punto aquí no es acerca del alcohol; es acerca de las reglas. Es acerca de hacer que sea más difícil conectarse con Dios y esto se convierte en otra barrera para acceder al Padre. Esto es lo que enojó a Jesús.

El problema no era que Jesús bebió; sino dónde bebió

Permítame explicarle cómo encaja todo esto en el tema de este libro. Los líderes de la iglesia de los tiempos de Jesús constantemente lo reprendían por rodearse del tipo de personas equivocadas y muchas de sus palabras de enojo fueron expresadas para defender su aceptación a este tipo de personas, que tenían problemas más grandes que el alcohol.

Lo digo de nuevo, siendo una persona que ayuda a tratar con las secuelas del alcoholismo, puedo garantizarle que la probabilidad de que usted sufra una crisis en su vida disminuirá exponencialmente si se aparta del alcohol. Pero todos debemos decidir cómo medir los potenciales beneficios sociales y de salud de cualquier tentación. En estos días podemos encontrar esas tentaciones tanto en el gimnasio como en las redes sociales o en un bar.

Un buen ejemplo de esto son las redes sociales. Pueden ser buenas, pueden ser malas y pueden ser una tentación. Todos debemos decidir cómo manejar esa tensión. Pero no veo a muchos líderes de la iglesia levantándose contra el hecho de que usted tenga una cuenta en Instagram. Y aun así sé lo que me dirían si me ven saliendo de un bar. Creo que Jesús habría hecho ambas cosas, y las hubiera manejado bien.

Craig Groeschel es el pastor de Life Church, la iglesia más grande en Estados Unidos. Cierta vez comentó que se encontró con una persona muy reconocida de su área. Este hombre era muy conocido porque había ganado mucho dinero haciendo cosas muy dudosas. Lo reconoció a Craig y le preguntó si podría reunirse con él. Craig acordó y se reunieron en un restaurante. Cuando llegó, el hombre estaba bebiendo en el bar y solo era la hora del almuerzo. Craig dijo: «Me senté a la barra y podía sentir cómo la gente me miraba. Podía escucharlos susurrar hablando acerca de la persona con quien estaba; preguntándose si esa era mi cerveza. Esa semana, recibí dos llamadas telefónicas en la oficina de la iglesia, eran personas quejándose porque estuve en el bar con un pecador muy conocido. "¡Pero qué cosa!", decían, "ahí va el pastor Craig actuando otra vez como Jesús"».[3]

Jesús era una eminencia haciendo esas cosas, pero él nunca pecó. Según entendemos, ni siquiera se encontró en una situación donde podría haber sido acusado de hacer algo malo, excepto cuando los fariseos presentaron acusaciones falsas. Pero los que estaban viviendo completamente apartados del conocimiento de cómo Dios quería que ellos vivan (los recaudadores de impuestos y las prostitutas) se sentían aceptados y amados por él. Evidentemente, él bebió con ellos. Socialmente.

Lo que enojó a Jesús era la actitud farisaica que estos líderes de la iglesia tenían con los que ellos querían socializar. (¿No es interesante que tengamos un adjetivo para calificar una conducta basada en el nombre de este grupo de líderes de la iglesia?). Jesús básicamente dijo: «Yo estoy aquí para *ayudar*, para salvar, para aliviar a la gente que ustedes han apesadumbrado».

¡Ay de ustedes, maestros de la ley y fariseos, hipócritas! Dan la décima parte de sus especias: la menta, el anís y el comino. Pero han descuidado los asuntos más importantes de la ley, tales como la justicia, la misericordia y la fidelidad. Debían haber practicado esto sin descuidar aquello. (Mateo 23.13)

Contestó Jesús:

—¡Ay de ustedes también, expertos en la ley! Abruman a los demás con cargas que apenas se pueden soportar, pero ustedes mismos no levantan ni un dedo para ayudarlos. (Lucas 11.46)

¡Qué manera de cerrar el acceso! Jesús les está diciendo a estos líderes que ellos han cerrado la puerta al reino abrumando a la gente con cargas innecesarias, con reglas como la abstemia. Nosotros hemos estado haciendo lo mismo, cerrándole la puerta a la gente que decide beber alcohol, o que rompa cualquier otra regla que hayamos agregado, tal como qué vestir en la iglesia, qué palabras usar, tatuajes, etcétera. Todo esto crea otra barrera, otra puerta cerrada al Padre.

Hace unos años hubo un fenómeno cristiano con las siglas WWJD (QHJ). La gente compraba calcomanías, pulseras y otros accesorios para recordarse de la pregunta, «¿Qué haría Jesús?» en cualquier situación que se encontraban. ¡Fue una idea muy buena! Parte del objetivo de este libro es recordarnos la misma cosa.

Después de mencionar algo sobre WWJD en uno de mis mensajes, Franco, uno de mis amigos motociclistas, se acercó y me contó su historia con las siglas. Él no era religioso cuando WWJD empezó a aparecer por todos lados. Él veía que muchos muchachos se ponían insignias en sus chalecos y le pareció muy bueno, así que sin averiguar de qué se trataban las siglas, se puso una. Finalmente, un día preguntó y cuando se enteró de qué se trataba, dijo: «Yo pensé que las siglas significaban "We Want Jack Daniels" ("Queremos Jack Daniels")». Estoy seguro de que nadie se rio de eso más que Jesús. Él se hubiera divertido pasando tiempo con Franco. Y en verdad él disfruta pasar tiempo con Franco.

Al observar la vida de Jesús me parece a mí que no solo sentía un llamado al enfermo (pecador) porque él era un médico (Lucas 5.31), sino que en verdad le encantaba pasar más tiempo con ellos que con la gente religiosa. ¿Se pondría él un brazalete QHY (¿Qué haría yo)?

Mi propio dilema con la cerveza

Tuve una experiencia que cambió mi vida en un Hampton Inn en Cincinnati, Ohio, en 2007. Un nuevo amigo me estaba contando que su hija y yerno estaban empezando un ministerio universitario en Birmingham, Inglaterra. Desde el momento que empezó a compartir conmigo la idea, supe que era algo que Jesús quería que hiciera mi hija Rachel; es decir, que ella tomara un descanso de la universidad por un semestre y que fuera a Inglaterra en un viaje misionero. También supe que si le contaba a Rachel sobre este asunto ella iba a ir, sea o no que le gustara a Jesús.

Ya para ese tiempo mi esposa y yo no asociábamos la pecaminosidad con el alcohol, pero obviamente eso *no* incluía permitir que nuestras hijas menores bebieran. Pero a medida que se acercaba el momento de enviar a Rachel al exterior, se nos presentó un giro. La idea del ministerio universitario consistía en enviar un buen equipo de jóvenes adultos plenamente entrenados para hacer la logística, encontrar una vivienda, y buscar un lugar de reunión para los estudiantes locales, al mismo tiempo que reclutábamos estudiantes universitarios de Estados Unidos para que se transfieran a la universidad local por no menos de un semestre. Puede parecer subversivo, pero es difícil realizar eficientemente la «misión» sin ser parte de la cultura, como lo hizo Jesús cuando se hizo hombre, la encarnación fue subversiva.

Aun más que en Estados Unidos, la cultura de un campus universitario en Inglaterra gira en torno al bar. Y en Europa se permite beber a una edad mucho más joven, ¿tal vez a los once años? En todo caso, la experiencia con el alcohol es mucho más temprana en la mayoría de los países europeos. No se necesita un documento de identidad falso. Por lo que el ministerio universitario decidió, correctamente, que estar en los bares era la única manera de hacer conexiones y que tomar una Coca-Cola en el bar no sería suficiente. No solo que sus miembros debían ir a los bares, sino que debían también beber con la gente; es decir, tomar cerveza socialmente.

Rachel solo tenía veinte años. Y aunque en Estados Unidos no tenía la mayoría de edad para beber, en Inglaterra lo podía hacer. Así que este grupo ministerial nos hizo firmar una autorización para que ella pudiera ir a beber cerveza a los bares. ¡Ese fue el permiso de excursión más extraño de todos los que he conocido! Honestamente, para nosotros no fue una decisión difícil por la gran confianza que los dos teníamos en este ministerio y en nuestra hija. No éramos tan ingenuos como para creer que esta era la primera vez que estaba con jóvenes que tomaban alcohol, y de todos modos ya estaba cerca de su mayoría de edad. Este grupo tenía políticas estrictas sobre el uso del alcohol, y a mi saber no ha ocurrido ningún problema con el criterio adoptado.

Pero, sí hubo fruto. Por ejemplo, un joven, Ash, se acercó al grupo y empezó a hacer preguntas sobre la fe en Jesús. Para él, esta pequeña banda de creyentes representaba a Jesús de una manera que él nunca había visto. Se interesó, comenzó a dialogar con ellos y al final decidió seguir a Cristo. Conozco la historia muy bien porque Rachel fue una gran parte de ese proceso, y porque Rachel y Ash con el tiempo se pusieron de novios. Él se mudó a Nashville, se casó con mi hija, y es el padre de mis dos nietos. Con toda sinceridad no sé si esto hubiera ocurrido sin unas pintas de Guinness.

Usted debe decidir por sí mismo como lidiar con la tensión del alcohol, pero para mí, ¡valió la pena tomar el riesgo! Ahora, Ash es parte del reino y tengo unos nietos adorables con un acento extraño.

Una barrera que no debió existir

A veces tengo la oportunidad de enseñarle a pastores jóvenes, y nunca me olvidaré de la conversación que tuve un día con un joven después de la sesión. Él pastoreaba una pequeña iglesia conservadora en un pueblo pequeño. Me contó que la demografía de su iglesia estaba compuesta por gente anciana y que temía por la existencia de ella. Había familias más jóvenes en el pueblo, muchas de las cuales sus padres eran miembros de la iglesia. Pero, aunque aún eran «miembros» de la iglesia, en verdad no querían formar parte de la iglesia.

Le pregunté qué era lo que la generación más joven de su pueblo le gustaba hacer. Me dijo que muchos de ellos se hicieron parte del departamento de bomberos voluntarios, y que servía como un servicio para la comunidad y como un seudo club. Les gusta pasar el tiempo en la estación de bomberos y tomar cerveza los fines de semana (Lo cual no da mucha confianza en cuanto a la seguridad en el pueblo, en lo que a incendios se refiere, pero al menos tienen un bombero designado). Entonces le dije: «¿Por qué no pasas tiempo con ellos en la estación de bomberos? No hace falta que bebas con ellos, pero deberías ir. Eso fue lo que hizo Jesús».

Nunca me olvidaré su mirada. Creo que sabía que yo tenía razón, pero también sabía que los líderes de su iglesia nunca lo respaldarían. Era la misma situación «entre la espada y la pared» que hizo que Jesús terminara sepultado en una tumba… con una gran roca cerrando la entrada. Hay reglas y no podemos romperlas, de lo contrario pagaremos.

Conozco a muchos creyentes así. Sé que como la historia de Bill que conté anteriormente hay muchos cristianos que se sentirían incómodos sabiendo que su pastor está en una fiesta donde hay alcohol, aunque Jesús muchas veces lo estuvo. No puedo imaginarme que uno de los miembros más antiguos de esa iglesia permita a sabiendas que uno de sus hijos o nietos pierdan la oportunidad de una relación con Jesús porque crearon una barrera a Dios con el hecho de tomar cerveza, una barrera que nunca debió existir.

Repito que lo que Jesús quiere es que ayudemos a conectar a Dios con sus hijos, y lo que lo hace enojar es cuando nosotros, en lugar de ayudar, terminamos haciendo que esa conexión con la gente sea mucho más difícil. Creo que tenemos la tendencia de volver a las reglas y a las tradiciones porque cuantas más reglas agregamos, más fácil nos es juzgar a los demás y sentirnos mejor acerca de nosotros mismos.

Pero Jesús nos llamó para ser mejores que esto.

CAPÍTULO 7

CUANDO EL JUICIO OBSTACULIZA EL CAMINO

Sorprendida en el acto

Pero Jesús se fue al monte de los Olivos. Al amanecer se presentó de nuevo en el templo. Toda la gente se le acercó, y él se sentó a enseñarles. Los maestros de la ley y los fariseos llevaron entonces a una mujer sorprendida en adulterio, y poniéndola en medio del grupo le dijeron a Jesús:

—Maestro, a esta mujer se le ha sorprendido en el acto mismo de adulterio. En la ley Moisés nos ordenó apedrear a tales mujeres. ¿Tú qué dices?

Con esta pregunta le estaban tendiendo una trampa, para tener de qué acusarlo.

(JUAN 8.1-6)

DECIDÍ DARLES SOBRENOMBRES a mis nietos. Mi nieto mayor, Charlie, es «Google Bear». Es muy inteligente, especialmente para un niño de cuatro años, pero por alguna razón probablemente salió a su abuelo en muchas maneras, piensa que sabe todo, así como Google. Su hermanito George Timothy (GT), es «Mustang». Tener un Mustang GT está en mi lista de deseos, el GT va muy rápido y me hace sonreír. Mi nieta, Olivia, es «Princesa», porque, bueno, usted tendría que conocerla, y siendo la única niña en el montón ella es la que manda el reino. Y su hermanito bebé, Caleb, es muy pequeño todavía, por lo que tendré que dejarlo desarrollar un poco de tiempo antes de apodarlo.

Los sobrenombres pueden ser divertidos o degradantes. ¿Cómo se sentiría usted si lo apodan de esta manera?: «La mujer sorprendida en adulterio». Esto no es un sobrenombre, pero es la única manera que ella fue identificada en la Biblia. Y ha sido su apodo por más de dos mil años. Por cierto, hay muchas personas en la Biblia cuyos nombres no conocemos. Yo creo que en el cielo las etiquetas de identificación dirán sus nombres y debajo (también conocido/a como…).

- Fred, también conocido como «el mesonero de Belén».
- Rita, también conocida como «la mujer en el pozo de agua».
- Janice, también conocida como «la mujer sorprendida en adulterio» (No sé, ahora que lo pienso, tal vez solo sea «Janice». Porque en verdad, después de todo, «fue sorprendida en el acto de adulterio»).

Hay un hermoso precedente en la Biblia para el cambio de nombre. Abram, cuyo nombre significaba «padre enaltecido», fue cambiado a «padre de muchos» (Génesis 17.5). El principal enemigo del cristianismo llamado Saulo es alguien que ahora conocemos como el apóstol Pablo (Hechos 13.9). Y Simón fue cambiado a Pedro, que significa «la roca» (Juan 1.42). Estos cambios de nombre identificaron una transformación significativa de la persona, literalmente dándole una nueva imagen.

Así que démosle una nueva imagen a esta pobre mujer, Janice, y volvamos a leer su historia:

Pero Jesús se fue al monte de los Olivos. Al amanecer se presentó de nuevo en el templo. Toda la gente se le acercó, y él se sentó a enseñarles. Los maestros de la ley y los fariseos llevaron entonces a una mujer sorprendida en adulterio, y poniéndola en medio del grupo le dijeron a Jesús:
—Maestro, a esta mujer se le ha sorprendido en el acto mismo de adulterio. En la ley Moisés nos ordenó apedrear a tales mujeres. ¿Tú qué dices? Con esta pregunta le estaban tendiendo una trampa, para tener de qué acusarlo. (Juan 8.1-6)

Esto demuestra cuánto las mujeres de ese tiempo habían sido degradadas y disminuidas por la sociedad, incluso por la sociedad religiosa. Aunque obviamente, para comprobar el «acto de adulterio» hacen falta dos personas, pero el hombre no estaba presente. Juan nos dice que todo esto sucedió durante la fiesta judía de los Tabernáculos (Juan 7.2), una celebración de una semana para agradecer a Dios por su bondad. La gente moraba en tiendas por una semana para conmemorar la manera en que Dios cuidó a sus antepasados en el desierto. Pero solo se requería la participación de los varones. No hay forma de saber cuántas familias venían con ellos, pero tristemente existía el potencial para la promiscuidad y era un tiempo oportuno para la prostitución.

No sabemos quién era Janice, pero como nos dice el texto, los fariseos estaban tendiendo una trampa a Jesús para acusarlo de refutar la ley de Moisés, lo cual requería que ella fuera apedreada hasta su muerte. Es probable que ella se hubiera estado vendiendo; incluso también que esta no fuera la primera vez que se hallaba en esta situación. Tal vez solo la encontraron, pero si esto era verdaderamente una trampa, la única forma infalible para que ese plan funcione hubiera sido tener al hombre que estuvo involucrado. ¿Dónde está el hombre que hizo de «ofrenda» voluntaria para ese acto? ¿Podemos apedrearlo a él también?

Me da mucha pena por Janice. No puedo subestimar «el acto», pero aquí me parece que ella es la víctima. Tengo mucha compasión por las mujeres que han sido pisoteadas por la sociedad y tienen que rebajarse usando sus cuerpos para sobrevivir. Quizás estoy suponiendo demasiado acerca de la historia, y estos líderes de la iglesia solo estaban tratando de atrapar a alguien que «hacía esto continuamente» y tenían una cámara oculta. Pero me parece injusto el hecho de que no pusieron a *dos* personas, a medio vestir, frente a Jesús para ser enjuiciadas.

Así que, por favor dele a Janice el beneficio de la duda por un momento y miremos a Jesús.

Apedreada

De acuerdo con la ley del Antiguo Testamento, Janice debió haber sido apedreada por el pecado de adulterio. Permítame intentar responder rápidamente la pregunta que quizás algunos de ustedes se están haciendo en este momento, *¿Qué pasa con la ley del Antiguo Testamento?* El Antiguo Testamento está lleno de este tipo de leyes, y esta parece ser bastante extrema para nuestros días.

Dios no ha cambiado. Jesús dijo: «El que me ha visto a mí ha visto al Padre» (Juan 14.9), y Juan y Pablo dijeron que Jesús era Dios encarnado (Juan 1.1, 14; Colosenses 2.9; 1 Timoteo 3.16). Pero a veces el Dios que hizo la ley del Antiguo Testamento no se parece a Jesús. Yo entiendo su inquietud, pero no tengo tiempo para ayudarle a entender todas las cosas por medio de este libro. Y, por cierto, creo que ningún ser humano *lo sabe* todo; nadie ha entendido enteramente a Dios. Si le dicen que sí, no compre su libro.

Lo que usted necesita saber es que Jesús dijo claramente que el vino para hacer un nuevo pacto (Lucas 22.20). Ese es el punto final. El Dios del Antiguo Testamento puede resultarle difícil de entender, así que obsérvelo obrar a través de la persona de Jesús.

Janice fue lanzada a los pies de Jesús, «declarada culpable». Jesús había estado enseñando en los atrios del templo cuando esto sucedió. Para mí es muy fácil distraerme cuando estoy enseñando, no puedo imaginarme cómo mantendría el hilo de pensamiento si trajeran al auditorio y pusieran delante de mí a una mujer histérica, resistente y desalineada.

La Biblia nos dice que la hicieron ponerse de pie. (No me gustan esas personas). Esto es lo que sabemos: ella estaba en problemas, pero todo lo que les interesaba era usarla para tender una trampa a Jesús. No obstante, aunque de por sí en esta historia Jesús no está enojado, encaja en nuestra tesis debido a toda la otra información que tenemos acerca de su interacción con estos hipócritas. Por cierto, estoy enojado a favor de esta mujer, así que sigamos adelante.

Esta historia me hace pensar qué pensamientos tuvo Jesús en ese momento. No hay ningún registro. Pero tenga en cuenta que Jesús creció en un pueblo donde pensaban que su mamá había cometido el mismo pecado porque no creían en la historia del nacimiento virginal milagroso. Al menos en una ocasión la gente lo acusó de ser un hijo ilegítimo (Juan 8.41).

Cada año, cuando celebramos la Navidad, solemos recordar las dificultades que José y María pasaron cuando ella dio a luz al

Hijo de Dios, pero dudo que entendamos plenamente una dificultad que *nunca* superaron. El largo viaje a Belén vino y se fue, pero las miradas de la gente del pueblo nunca se fueron. Solo unos pocos creyeron en la historia de la encarnación. A los ojos de todos, María había trasgredido la ley: quedó embarazada de Jesús sin estar casada, sea con su prometido u otra persona. Creo que la experiencia que Jesús tuvo durante su niñez le otorgó un filtro para lidiar con situaciones como estas. Las prostitutas eran conocidas como «mujeres de mala reputación». La mamá de Jesús era una mujer de «mala reputación», aunque ella merecía la reputación opuesta.

Sinceramente estoy maravillado con la compostura de Jesús en esta situación. No sé si usted aquí puede percibir mis emociones, pero si yo hubiera sido Jesús ¡los hubiera asaltado como un mono araña! Esta es una de las razones por las que sé que cuando Jesús *sí* dirigió su enojo, no fue una reacción emocional. Él dominaba sus emociones en todas las situaciones. Algo que usted y yo deberíamos hacer más seguido.

El adulterio destruye familias. Esta es una de las razones por las que Dios determinó un castigo tan severo. Sé que a algunos de ustedes les gustaría asaltar como mono araña a los hombres o mujeres que destruyeron su familia. Y puedo entenderlo. Pero no puedo evitar sentir compasión por Janice. Ella solo fue un peón en un partido de ajedrez más grande, una trampa para enredar a Jesús.

¿Qué podía decir Jesús? Si la hubiera dejado libre, él estaría violando la ley de Moisés. Si hubiera dicho que la apedreen, bueno, Jesús no era así. Él vino para conectar a la gente con su Padre; él estaba allí para ayudar a que Janice se conecte con su Padre. La Biblia dice: «Pero Jesús se inclinó y con el dedo comenzó a escribir en el suelo» (Juan 8.6). ¿Qué escribió?

La palabra griega para *escribir* que se usa aquí es *katagrafo*, que quiere decir «hacer una lista». Con el prefijo *kata*, literalmente significa, «escribir en *contra*». Considerando la manera en que estos hombres reaccionaron, sería improbable que él estuviera escribiendo algo en contra de la mujer. Probablemente estaba escribiendo algo en contra de sus acusadores. Algunos han especulado que era la lista de los Diez Mandamientos, porque en Deuteronomio 9.10 (RVR1960), dice que cuando Dios el Padre escribió los Diez Mandamientos, lo hizo con sus propios dedos. Otros han sugerido que se trataba de una lista con los nombres de los acusadores. Quizás fueron las dos; una lista con nombres y, *al lado*, el mandamiento que habían quebrantado.

En serio, esto fue como desafiar a Papá Noel. Jesús tiene la lista definitiva de «obedientes y desobedientes» y no necesita revisarla dos veces. «Veamos. Billy: quebrantó los mandamientos 2, 3, 5, 6, 7, 8. Johnny: quebrantó los mandamientos 4, 5, 6, 7, 8, 9, 10…».

Además, hay otra especulación interesante. Recuerde que estos líderes de iglesia conocían las historias del Antiguo Testamento como la palma de su mano. En aquel tiempo no existía Netflix; estudiar era todo lo que hacían. Por lo que ellos sabían acerca del momento en el libro de Daniel cuando Dios escribió un juicio en la pared contra el rey malvado. ¿Escuchó alguna vez la frase «La escritura sobre la pared»? Eso viene de la ocasión cuando Dios escribió en la pared con su propia mano: *«Mene, Mene, Téquel, Parsin»*, una parte de esto significa: «ha sido puesto en la balanza, y no pesa lo que debería pesar» (Daniel 5.27). Eso puede haber sido lo que Jesús escribió en tierra ese día.

Supongo que la razón por la que no sabemos exactamente lo que escribió es porque no importa. Tal vez solo garabateaba o comenzaba un juego de «tres en línea» para uno de los niños en la multitud. No importa. Lo que quisiera que usted haga es imaginar la situación y entender la brillante compasión que creó en este momento. Jesús creó una distracción.

Janice está de pie, después de ser encontrada en el acto de adulterio. La mayoría de los programas de televisión visten a las mujeres con algo presentable cuando filman una escena de dormitorio. Yo aplaudo eso, pero así no es como funciona en la realidad. Cuando la sacaron de la habitación probablemente Janice no tenía puesta una bata. Y es muy dudoso que le hayan permitido ponerse sus pantalones vaqueros y una capucha antes de sacarla. De una u otra manera no estaba presentable, y los ojos de todos estaban sobre ella, esto es, hasta que Jesús con su dedo escribiendo en tierra los hizo mirar hacia *abajo*.

> Y, como ellos lo acosaban a preguntas, Jesús se incorporó y les dijo:
> —Aquel de ustedes que esté libre de pecado, que tire la primera piedra.
> E inclinándose de nuevo, siguió escribiendo en el suelo.
> (Juan 8.7, 8)

Un silencio incómodo.

Durante ese tiempo de silencio incómodo, la convicción invadió sus corazones: «Al oír esto, se fueron retirando uno tras otro, comenzando por los más viejos, hasta dejar a Jesús solo con la mujer, que aún seguía allí» (Juan 8.9). En lugar de seguirles el tonto juego, Jesús básicamente les dijo: «Creo que deberían revisar las reglas para saber si pueden *jugar* el juego de esa manera. Pero para ahorrarles el tiempo les diré que no».

Hace unos años, una encuesta presentó la pregunta: ¿Quién merece ir al cielo? Y listaba varios nombres. Una reconocida estrella del deporte que aparentemente asesinó a alguien y se salió con la suya, quedó en último lugar con solo diecinueve por ciento de los votos para darle una oportunidad en la eternidad. La Madre Teresa recibió el setenta y nueve por ciento. Pero lo que más me sorprendió: ochenta y siete por ciento de los participantes creían que ellos mismos merecían ir al cielo. No somos muy buenos para hacernos una autoevaluación, ¿verdad?

En caso de que se pregunte, la respuesta a cuántos merecen ir al cielo es cero por ciento, no importa a cuántos niños hambrientos haya salvado o cuántas veces se haya escapado del castigo por asesinato: «Pues todos han pecado y están privados de la gloria de Dios» (Romanos 3.23).

Sin embargo, de una manera asombrosa, Jesús tomó una situación perdedora y la convirtió en ganadora. Defendió la ley de Dios y al mismo tiempo les lanzó la acusación que pusieron sobre Janice a ellos mismos. Estoy seguro de que los fariseos trajeron esta situación a Jesús sabiendo que él tendría compasión de la mujer. El crimen más grande a los ojos de ellos era el amor que él tenía por los indignos de la sociedad. Ellos pensaban que lo tenían en jaque mate, pero, en cambio, él los forzó a abandonar el juego.

Que por cierto es lo que todos debemos hacer cuando empezamos a juzgar a los demás. Tenemos que dejar de fijar nuestros ojos en «ellos» y soltar nuestras piedras.

Se encaminaron hacia las puertas

Los más viejos se fueron primero. Hasta los críticos hipócritas pueden hacerse más sabios en su vejez.

Me encanta la última parte de este versículo: «… hasta dejar a Jesús solo con la mujer, que aún seguía allí» (Juan 8.9). Es mi esperanza que en nuestro viaje espiritual todos lleguemos a ese lugar donde estemos: solos con Jesús.

Sé que para algunos llegar a ese lugar es increíblemente difícil, precisamente por el hecho de que la iglesia parece volver a la misma posición de la crítica hipócrita. Detesto esa actitud.

Estar a solas con Jesús cambia el juego.

Discúlpeme por las muchas veces que he juzgado hipócritamente. Perdóneme por todas las barreras que yo haya creado entre usted y Dios. Me encantaría que todos terminaran como Janice: sin religión, sin gente religiosa, sin juegos, solo Jesús. Estar a solas con Jesús cambia el juego. No importa donde haya estado o lo que haya hecho. Si usted puede estar a solas con Jesús eso lo cambiaría todo.

Una vez que estuvieron solos, la Biblia dice:

> Entonces él se incorporó y le preguntó:
> —Mujer, ¿dónde están? ¿Ya nadie te condena? (Juan 8.10)

Me encanta cómo Jesús se dirige a Janice. Él no la llama prostituta o rompe hogares. ¿Cómo la llamó? Mujer. Desafortunadamente, quizás esta traducción le resulte algo despectiva. Pero eso no podría estar más lejos de la verdad. La palabra griega para *mujer* se traduce mejor como «señorita» o «señora». En verdad es una palabra muy respetuosa. Y es la misma palabra que él usó para referirse a su madre (Juan 2.4). ¿No le parece encantador? Él le habla con dignidad y respeto. Él le habla con gracia y amor.

La historia continúa:

—Nadie, Señor.

—Tampoco yo te condeno. Ahora vete, y no vuelvas a pecar.
(Juan 8.11)

En otras palabras, le estaba diciendo: «Eres una mujer amada tanto por mí como por tú Padre celestial. Abandona esta vida y comienza a vivir *como* una mujer digna, perdonada, nueva. Ve y vive esa vida».

No puedo evitar preguntarme cuánto tiempo había pasado desde la última vez que un hombre habló con ella con tanto amor.

Todos en la historia son juzgados

La movida increíblemente importante que hizo Jesús es que no descartó el pecado de Janice. En verdad trató con el pecado de todos. En esta historia, Jesús juzgó el pecado de todos y luego los perdonó.

Desearía que los hipócritas no se hubieran retirado, porque Jesús también los habría perdonado. Lo sé porque los perdonó, quizás a estos mismos líderes religiosos, después de que lo clavaran en la cruz. «Padre», dijo Jesús, «perdónalos, porque no saben lo que hacen» (Lucas 23.34).

Pero los acusadores de Janice no querían el perdón de Jesús. Y, en verdad, Janice nunca pidió perdón. Así que imagínese lo que él quiere hacer con usted. Romanos 8.1 nos dice: «Por lo tanto, ya no hay ninguna condenación para los que están unidos a Cristo Jesús». Este es un concepto precario. Olvídese de la credibilidad de este tipo de perdón; este es otro asunto en sí mismo. Hay algo en lo profundo de todos nosotros que quiere merecer «ir al cielo», sin importar lo que eso puede significar para nosotros, o lo que en *realidad* significa, punto. En lo profundo de nuestra alma, la idea de gracia gratis no solo es difícil de creer, sino que creemos que es injusta. ¿Cómo puede haber justicia cuando un criminal, estando sobre una cruz ejecutado por sus crímenes, mira a Jesús y le pide ser «llevado al reino» y se le concede ese reino sin preguntas?

Usted puede decir lo que quiera, pero este es el dilema de la gracia: Yo no debería ser perfecto para ser recompensado con un futuro eterno y maravilloso. Pero, al mismo tiempo, la gente *mala* no debería ser recompensada en lo absoluto. A la gente le gusta sentir que ha tenido alguna participación en su salvación. Este asunto fue parte del argumento de la Iglesia Católica para el *pecado mortal,* una violación voluntaria de la ley de Dios que lleva a la muerte espiritual del alma, versus el *pecado venial,* o un pecado leve.

Nos resulta difícil poner al mentiroso en la misma categoría que un adúltero. No tiene sentido. Pero la gracia tampoco tiene sentido, por lo que hace que esta historia sea tan significativa.

CAPÍTULO 8

CUANDO LA RELIGIÓN SIN GRACIA OBSTACULIZA EL CAMINO

Sorprendida en el acto, el resurgimiento

SI SUCEDE QUE USTED ESTÁ leyendo el pasaje de la mujer sorprendida en el acto de adulterio (a quien hemos nombrado Janice) en una Biblia o una aplicación que tiene notas al pie de página, tal vez haya visto esta nota: «Los manuscritos más antiguos y confiables no incluyen el texto de Juan 7.53—8.11». Y algunos de ustedes han escuchado la declaración dicha acerca de la Biblia: «Hay tantas versiones y discrepancias».

Sí, hay versiones, o, mejor dicho, traducciones de la Biblia. Fue escrita hace mucho tiempo en varios lenguajes que la persona promedio no puede entender. Por lo tanto, necesitamos traducciones. Si usted entiende esto como punto de partida, no debería ser un problema. Y, por cierto, *existen* algunas discrepancias. Estos documentos fueron copiados a mano y no tenemos los textos originales ni copias perfectas.

Se cuenta una historia de un joven monje que llega al monasterio y, como con todos los monjes nuevos, se le da la tarea de ayudar a copiar a mano los textos antiguos de la iglesia. No obstante, se da cuenta de que todos los monjes están copiando de otras copias, no están copiando del manuscrito original. Así que va al anciano principal del monasterio (el abad) y le señala que el error más ínfimo que alguien cometa en la primera copia jamás será corregido. De hecho, ese error será transferido a todas las copias subsecuentes.

A lo que el abad le responde: «Hemos estado copiando de las copias por siglos, pero tú hijo mío haces un buen punto».

Así que el abad desciende a las oscuras cuevas del monasterio donde se archivaba el manuscrito original, en una bóveda cerrada que no había sido abierta por cien años. Pasan horas y nadie ve al abad. Por lo que el joven monje se preocupa y desciende para buscarlo. Ve al abad golpeando su cabeza contra la pared y lamentándose: «Hemos pasado letras por alto, hemos pasado letras por alto». Su frente estaba sangrienta y lastimada, y lloraba incontroladamente.

El joven monje le pregunta al abad: «¿Qué pasó, padre?».

Con la voz entrecortada, el abad responde: «La palabra era *celebrad*. ¡No *celibato*!».

Puedo asegurarle que ninguna de las variaciones menores que hay en las escrituras hacen una diferencia teológica. No es como si en una copia uno leyera «Jesús murió sobre una cruz» y otra dijera «Jesús se fue a surfear». ¿Pero qué acerca de la historia de Janice? ¿Fue inventada más tarde por un montón de adúlteros? ¿O es esta nota al pie de página un testimonio a la improbabilidad de la gracia?

De acuerdo con William Barclay, autor y ministro escocés, hay un manuscrito temprano que registra este encuentro. Seis de los primeros manuscritos del evangelio de Juan no incluyen esta historia; dos de ellos tienen un espacio en blanco en el lugar donde debió incluirse. En la interpretación bíblica, el próximo paso sería buscar la evidencia histórica sobre el texto. Hay un relato de un historiador de la iglesia primitiva que vivió justo después del tiempo de Juan que hace mención de este relato a principios de la historia de la iglesia.

La pieza verdaderamente fascinante del rompecabezas proviene de las palabras de uno de los padres más respetados de la iglesia llamado Agustín. Él dice que esta historia se quitó del texto del evangelio «para evitar escándalos».[1] Lo que explicaría el espacio que quedó en blanco, ¿verdad?

De acuerdo con Agustín, y muchísimos seguidores de Cristo a través de los años, esta historia hacía ver a Jesús como alguien demasiado complaciente acerca del pecado, especialmente cuando se trata de un pecado *mortal* como el adulterio.

¿Puede la gracia ser algo tan sencillo?

La discusión del espacio en blanco podría decirnos algo muy importante sobre la religión y la humanidad. Quizás el desdeño de Jesús por la crítica no estaba limitado a la iglesia judía de su generación. La historia de Janice es completamente congruente con otras instancias de Jesús y su gracia, sin mencionar las otras parábolas que sí sabemos que Jesús contó. Hace eco, como todas sus enseñanzas, contra el enojo que Jesús mostró contra los líderes de la iglesia por pensar que ellos eran mejores que todos los demás. Tal vez no hemos aprendido lo suficiente del enojo en las letras rojas de nuestra Biblia.

Ahora regresemos a nuestra historia. Después que todos se fueron, Jesús se puso de pie y le preguntó a Janice:

—Mujer, ¿dónde están? ¿Ya nadie te condena?
—Nadie, Señor.
—Tampoco yo te condeno. Ahora vete, y no vuelvas a pecar.
(Juan 8.10, 11)

Tampoco yo te condeno. Este es el escándalo. ¡No puede ser tan fácil! Y luego le dijo: «Ahora vete, y no vuelvas a pecar». Pero debió haber dicho esto solo después de estar seguro de que ella entendió de que lo que hizo era incorrecto y recién entonces palmearle la espalda y decirle: «Está bien, aún te amo». Obviamente, que cualquier padre bueno además le diría: «Y no vuelvas a hacerlo o ya sabes lo que te sucederá».

¿Podría ella irse y de verdad abandonar su vida de pecado? No hay manera de que esta mujer no volviera a pecar nunca más en su vida. Presumiblemente, incluso el hombre más espiritual del primer siglo y posterior a Jesús, el apóstol Pablo, hablando de su *presente* mientras escribía sus epístolas dijo: «... de los cuales yo soy el primero [hablando de los pecadores]» (1 Timoteo 1.15). El apóstol Juan también dijo: «Si afirmamos que no tenemos pecado, nos engañamos a nosotros mismos y no tenemos la verdad» (1 Juan 1.8).

Jesús llamó a Janice a salir de «la vida de» pecado. Lo que Jesús estaba diciendo era que, como persona perdonada, ella debía hacer unos cambios en su vida, dejar su vieja vida en el pasado. Esencialmente le estaba diciendo: «Tu vieja vida te impide ser la persona que Dios quiere que seas. Esa forma de vida daña a otras personas. Ahora ve y vive una vida nueva». Janice no pudo haber hecho eso sin recibir el perdón.

Bob George, el autor de *Cristianismo clásico,* escribe:

Imagínese que usted es dueño de uno de los mejores restaurantes. Un día escucha ruidos en la parte de atrás, donde coloca la basura. Abre la puerta para ver qué sucede, y halla a un hombre de aspecto lastimero, ese soy yo, que pelea con algunos gatos callejeros por los desechos que hay en el depósito de la basura. Yo soy virtualmente un esqueleto viviente. Es obvio que estoy a punto de morir de hambre, y probablemente he estado en esa condición por mucho tiempo. Nada hay en mí de atractivo o que provoque sus afectos, pero usted siente compasión.

«Oiga señor, venga, no se coma esa basura. No soporto verlo haciendo eso. Entre en mi restaurante y coma lo que desee».

«Pero no tengo dinero».

«No importa, mis negocios están bien y puedo costearlo. Quiero que de aquí en adelante coma en este lugar sin pagar un solo centavo».

Usted me toma del brazo y me lleva a sentarme a la mesa. Yo no puedo creerlo. Nunca he visto un restaurante, ni comida en tanta abundancia. Mis ojos contemplan, las carnes, los vegetales, ensaladas, pasteles, frutas, pescado, gallina… Ni en sueño jamás había imaginado que existieran todos esos manjares.

Le miro con intensidad y le pregunto: «¿Dice usted que puedo comer cualquier cosa que desee?».

«Ajá».

«En realidad, ¿cualquier cosa que desee?».

«Sí, cualquier cosa que desees».

Entonces, con un tono suave y con lágrimas en los ojos, le pregunto: «¿Podría comer un poco de basura?».[2]

¿Quién haría eso?

Jesús le decía a Janice: «De cualquier forma eres libre. Puedes irte y empezar de nuevo. Esos hombres no pueden condenarte; son pecadores. Se estaban engañando a sí mismos hasta que yo los confronté. Yo soy el único que puede condenarte, *y me rehúso a condenarte*. Ahora ve...». Jesús la estaba ayudando a que mire hacia adelante, lo cual ella solo podía hacer con un corazón limpio.

Lo mismo ocurre con nosotros. Jesús no está preocupado con lo que hemos hecho; él mira hacia adelante. Él nos ama demasiado para dejarnos vivir en la manera que lo hemos estado haciendo, pero él sabe que no podemos «mejorarnos». Solo podemos «empezar de nuevo».

Regresemos a la historia sobre Janice y la penalidad por el pecado. La iglesia primitiva parece haber borrado su historia y esto se está poniendo confuso. La pregunta frente a nosotros es: «¿Por qué Jesús pudo perdonarla por su pecado y luego dejarla libre sin invocar la pena de la muerte del Antiguo Testamento?».

> Él nos ama demasiado para dejarnos vivir en la manera que lo hemos estado haciendo, pero él sabe que no podemos «mejorarnos». Solo podemos «empezar de nuevo».

Respuesta: no lo hizo. Él pagó la pena. «Al que no cometió pecado alguno [Jesús], por nosotros Dios lo trató como pecador, para que en él recibiéramos la justicia de Dios» (2 Corintios 5.21).

Lo que esto significa es que, debido a que ella cometió adulterio con ese hombre, a Cristo lo colgaron sobre la cruz, sangrando, quebrantado y muriendo. Esa es la razón por la que estuvo allí, ella lo puso ahí. Yo también. Y usted también.

El evangelio dice: Usted no puede ser lo suficientemente bueno *ni* lo suficientemente malo

Usted no puede ser lo suficientemente bueno como para ganarse el favor de Dios ni ser tan malo como para no alcanzarlo. Así se quita la presión. La ley del Antiguo Testamento se respetará y se hará justicia. Jesús puede amar a Janice y darle la oportunidad de abandonar su vida de pecado y vivir una nueva vida eterna, porque él ya pagó el precio.

A este punto, mientras escribía este libro, estaba hablando con mi hija, Lauren, acerca de las dificultades para explicarle las fiestas a Olivia, su hija de tres años. Ella me dijo: «Sabes qué, explicarle la Navidad a una criatura de tres años no es tan difícil. La Pascua es otra historia». Ella quiso decir que explicar la manera en que Jesús murió y resucitó es como una película de clasificación PG (Advertencia a los padres), y Olivia necesita saber que hay vida más allá de este cuerpo porque hay cosas que le pasan al cuerpo y se va desgastando. Pero explicarle por qué Jesús *tuvo que* morir y quién lo puso sobre la cruz es un tema bastante adulto para explicar. Al menos como una película PG-13.

Jesús hizo un intercambio con nosotros. La escritura dice: «Porque la paga del pecado es muerte» (Romanos 6.23). Esto significa cualquier pecado, hasta los pequeños *veniales* que pueden hacernos creer que somos mejores que otros que han cometido los *mortales*.

Tal vez usted, mi estimado lector, no haya sido humillado dentro de una iglesia por una multitud, pero de todos modos está atrapado. Todos lo estamos. Dios sabe lo que hay en el interior y estoy bastante seguro de que todos somos adúlteros porque de acuerdo con Jesús: «cualquiera que mira a una mujer y la codicia ya ha cometido adulterio con ella en el corazón» (Mateo 5.28).

Él dijo que no importa si usted no ha cometido el acto físico. Si usted lo hizo en su corazón, es lo mismo.

A pesar de lo indignado que estoy con estos líderes de la iglesia y con lo que le hicieron a Janice, a decir verdad, estas personas horribles que la atraparon y la expusieron le hicieron un gran favor. Obviamente que no tenían la intención de que acabara así; ella no era importante para ellos. Pero acabaron llevándola a un lugar donde alcanzó la gracia.

Mi amigo Mark Jones presentó una buena pregunta. ¿Cómo terminaron las cosas con Janice? Hay tantas cosas que no sabemos. Si ella tenía el hábito del adulterio, como estaban las cosas ya era una «mujer de mala reputación», su encuentro con Jesús tuvo que haber sido una experiencia de aceptación inigualable. Sin embargo, estoy seguro de que su mala reputación no se desvaneció. Tal vez ella tuvo que seguir viviendo en Jerusalén con su letra escarlata. La aceptación y el perdón de Jesús fueron parte de la ecuación, ¿pero que hizo la iglesia con Janice? O, mejor dicho, ¿qué *hace* la iglesia con las Janice que hay en el mundo?

Es importante notar que al final de la historia, Jesús está abajo en el suelo con Janice. No está de pie con piedras en sus manos como los líderes religiosos, sino que está abajo al nivel de ella. ¿Y nosotros?

No sé cómo explicarlo, pero pareciera que la gravedad tiene un efecto diferente sobre los cristianos que el que tuvo sobre nuestro Líder. Cuánto más tiempo seguimos a Jesús, en lugar de bajar al suelo, tenemos la tendencia a ponernos de pie; aunque sabemos que la fuerza de gravedad llevaba a Jesús a los lugares más bajos.

La actitud de ustedes debe ser como la de Cristo Jesús, quien, siendo por naturaleza Dios, no consideró el ser igual a Dios

como algo a qué aferrarse. Por el contrario, se rebajó voluntaria-
mente, tomando la naturaleza de siervo y haciéndose semejante
a los seres humanos. Y, al manifestarse como hombre se humi-
lló a sí mismo y se hizo obediente hasta la muerte, ¡y muerte de
cruz! Por eso Dios lo exaltó hasta lo sumo y le otorgó el nombre
que está sobre todo nombre, para que ante el nombre de Jesús
se doble toda rodilla en el cielo y en la tierra y debajo de la tierra,
y toda lengua confiese que Jesucristo es el Señor, para gloria de
Dios Padre. (Filipenses 2.5-11)

Toda rodilla debería doblarse; todos deberíamos inclinarnos.
Y solo entonces, tal vez, podríamos mirar a nuestro alrededor y
ver quién más está allí abajo.

CAPÍTULO 9

CUANDO EL PREJUICIO OBSTACULIZA EL CAMINO

La mujer en el pozo de agua, de los barrios bajos

Como se acercaba el tiempo de que fuera llevado al cielo, Jesús se hizo el firme propósito de ir a Jerusalén. Envió por delante mensajeros, que entraron en un pueblo samaritano para prepararle alojamiento; pero allí la gente no quiso recibirlo porque se dirigía a Jerusalén. Cuando los discípulos Jacobo y Juan vieron esto, le preguntaron:

—Señor, ¿quieres que hagamos caer fuego del cielo para que los destruya?

Pero Jesús se volvió a ellos y los reprendió. Luego siguieron la jornada a otra aldea.

(LUCAS 9.51-56)

EN LUCAS 9, JESÚS REPRENDE a los discípulos cuando quisieron hacer caer fuego sobre la gente que no los quería recibir. ¿Estaba enojado con sus seguidores? No sabría decirle con seguridad. Tal vez les haya dicho mansamente: «Miren muchachos, no los vamos a fulminar». No sé. Pero este incidente parece encajar en nuestra discusión más completa.

Todo este asunto me hace reír. ¿De dónde iban a sacar Jacobo y Juan este «fuego del cielo»? Es decir, ellos tuvieron oportunidad de sanar gente y echar fuera demonios, pero el poder sobrenatural que tenían estaba limitado para ayudar a la gente, ¿verdad? Es como que de repente se convirtieron en los X-Men.

No sabemos qué dijo Jesús, o cuán enojado estaba. Pero sabemos cuál era el problema. Para los discípulos era muy fácil saltar de «hagamos una fiesta con Jesús en esta aldea» a «fulminémoslos». ¿Por qué? Siempre, que se trataba de «los samaritanos» había algún problema. Samaria era una región que los judíos evitaban. Para los discípulos y la mayor parte de la audiencia de Jesús, «los samaritanos eran las personas de los barrios bajos». Los samaritanos tenían un sistema religioso que era del estilo judío, pero se habían apartado y establecido sus propias reglas, como los pueblos que tienen una Primera Iglesia Bautista y una Segunda Iglesia Bautista. Es solo una broma. Iba mucho más profundo que eso. La verdad es que los discípulos no querían estar en Samaria, ni siquiera con Jesús, porque tenían prejuicios.

Durante los años de mi adolescencia viví en Enid, Oklahoma. Hay una leyenda que dice que antes de que el lugar recibiera su nombre era solo una parada de carretera. No había nada allí, sino solo un restaurante para camioneros aledaño a la carretera. Mientras se alejaba un camionero vio en su espejo retrovisor la palabra «enid» (que era la palabra «dine» pero al revés), y por eso la llamaron así.

Yo vivía al este de Enid y asistía a la escuela Longfellow Junior High, una de tres escuelas secundarias intermedias que formaban una gran escuela secundaria. En lo que se refiere al sistema de clases para un pueblo pequeño, Longfellow usualmente estaba al centro cuando se trataba de socio economía, deportes y competición en cualquier ámbito. El área más nueva y bonita del pueblo estaba al oeste. Los niños que vivían allí iban a Waller Junior High. Cuando el sistema escolar nos reunía en Enid High School se sentía que los chicos de Waller eran presumidos con nosotros. Pero lo bueno de estar al centro es que, si nos sentíamos despreciados por ellos, podíamos mirar con desprecio a los chicos de Emerson, que están al norte.

Me encantan los pueblos pequeños y me encantaba el lugar donde vivía. Pero ¿podría señalar literalmente la *estrechez mental* en esta ecuación? Por cierto, a todos nos encanta compararnos y sentirnos mejor, pero sea que vivamos al este o al oeste, ¡todos vivíamos en Enid! La gente en Oklahoma City nos miraba con desprecio, la gente en St. Louis miraba con desprecio a los Okies de Oklahoma City, los de Chicago miraban con desprecio a los de St. Louis, y los neoyorquinos miraban con desprecio... bueno, a todos. Seamos honestos.

Lo que estoy diciendo es que el mundo es tonto. Recordando mis primeros años de secundaria en Enid High School, me parece ridículo pensar en las comparaciones y los prejuicios en los que participé y me encontré. Tal como le habrá parecido a Jesús cuando los discípulos revelaron los de ellos.

Jesús y la perspectiva

Quizás yo no le pida a Dios que envíe fuego del cielo sobre un grupo de personas, pero cuanto más envejezco, más me doy cuenta de que lucho con este asunto del prejuicio. Tengo mucho que aprender y mucho que enseñarle a mi iglesia acerca de cómo interactuar con las personas que no son como nosotros. Demos una

mirada a otra historia samaritana para encontrar pistas acerca de
por qué Jesús tuvo que reprender la actitud de sus discípulos y
cómo podemos evitar cometer el mismo error.

> En el camino, tenía que pasar por Samaria. Entonces llegó a
> una aldea samaritana llamada Sicar, cerca del campo que Jacob
> le dio a su hijo José. Allí estaba el pozo de Jacob; y Jesús, can-
> sado por la larga caminata, se sentó junto al pozo cerca del me-
> diodía. Poco después, llegó una mujer samaritana a sacar agua,
> y Jesús le dijo:
> —Por favor, dame un poco de agua para beber.
> (Juan 4.4-7, NTV)

Honestamente, este encuentro que tuvo Jesús habría sido
mucho más difícil de entender para los líderes de la iglesia, que
los que tuvo con recaudadores de impuestos y prostitutas. Pero
los líderes nunca se enteraron, porque no dejarían encontrarse ni
muertos en Samaria.

En realidad, el «barrio bajo» no era una barrera socioeconómica. En esos días todos eran pobres, a menos que de alguna
manera trabajaran para los romanos. Era una barrera socio *religiosa*. Esta separación era mucho más profunda que pensar que
su escuela era mejor que otra. Como dije anteriormente, tanto los
judíos como los samaritanos decían ser descendientes de Abraham, pero no seguían las mismas leyes y costumbres.

Decir que Jesús «*tenía* que pasar por Samaria» era una gran
ironía. Por cierto, pasar por Samaria era el camino más corto
subiendo de Judea a Galilea, pero la mayoría de los judíos no
pasaban por allí. Generalmente, tomaban otro camino para evitar pasar por esa región. Esto era mucho más que yo evitando

Wrigleyville porque no soy fanático de los Chicago Cubs. Probablemente es mucho más profundo que una barrera racial o socioeconómica. Los samaritanos practicaban un judaísmo torcido. Siempre hay un mayor grado de menosprecio por alguien que contamina algo que uno aprecia. Fíjese en la versión de Britney Spears de «I love Rock and Roll». ¿Sí?

Si Jesús *tenía* que pasar por Samaria no fue por razones terrenales. Era una misión de reconciliación. Quiero dejar algo en claro, Jesús vino para dar salvación a los samaritanos, no para aniquilarlos. Curiosamente, esta conversación fue uno de los diálogos más largos que tuvo Jesús en los evangelios, y fue con una *mujer samaritana*.

Miremos de nuevo lo que dice la escritura: «Poco después, llegó una mujer samaritana a sacar agua, y Jesús le dijo: "Por favor, dame un poco de agua para beber"» (Juan 4.7, NTV). Jesús no habría tenido forma de sacar su propia agua, por lo que su solicitud no debería haber sido interpretada como algo irrespetuoso. Era como si Jesús estuviera sentado en el salón de descanso del trabajo y preguntara: «¿Podría usted pasarme la sal?». El punto es que él se sentó a la mesa con *ella*, algo que era insólito en esos días.

Por la reacción de ella puede ver que esto era algo más allá de la norma: «Entonces le dijo a Jesús: "Usted es judío, y yo soy una mujer samaritana. ¿Por qué me pide agua para beber?"» (Juan 4.9, NTV). Esto sería como decir: «Estoy sorprendida de que usted se siente conmigo». ¿Se dio cuenta? Ella estaba sorprendida de que alguien que dice seguir una interpretación diferente de Dios ponga a un lado sus prejuicios y tenga una conversación con ella. Ella se habrá sentido un poco incómoda. Pero al mismo tiempo, pareciera que ella era como esas personas que se encuentran de vez en cuando, de las que uno no sabe la soledad que sienten hasta que expresamos un simple gesto de bondad. Al abrirle la puerta o tan solo saludar, de repente usted se da cuenta de que necesitan una amistad.

Note el contraste drástico en esta situación. Un judío normalmente no hablaba con un samaritano. Punto. Agréguele a eso el hecho de que un rabino *jamás* hablaría con una mujer en público; esto abre la puerta al chisme. Y ella no era solo una mujer, sino una mujer con quien nadie quería tener contacto. ¿Cómo lo sabemos? La única razón lógica por la cual ella habría ido al pozo al mediodía, cuando hacía más calor, era porque no quería lidiar con las críticas de otras personas. Esto es como ir al supermercado a la medianoche para evitar a la gente.

La costumbre de esos días era que las mujeres de una aldea iban al pozo local de agua al atardecer cuando estaba más fresco. Quizás ese fue el comienzo de la tradición de la «hora feliz». De todos modos, tenían que ir al pozo a sacar agua, ¿por qué no hacerlo con otras personas para que sea más divertido? De esta manera, podían ayudarse unas a otras y ponerse al corriente con los asuntos del día. Pero esta mujer estaba sola al mediodía. ¿Será que ella no era bien recibida durante la «hora feliz»?

Tal vez tenía otras razones para estar sola. Quizás no podía ir por las tardes porque tenía otras cosas que hacer. A lo mejor necesitaba el agua con prisa y no podía esperar hasta el atardecer. Pero al seguir leyendo creo que verá el porqué de mi teoría que «no era bienvenida» está en lo cierto.

Lo siguiente que hizo Jesús debe entenderse. Si usted lee esto erróneamente pensará que Jesús la estaba recriminando:

Jesús le dijo:
—Ve y trae a tu esposo.

No tengo esposo —respondió la mujer.

—Es cierto —dijo Jesús—. No tienes esposo porque has tenido cinco esposos y ni siquiera estás casada con el hombre con el que ahora vives. ¡Ciertamente dijiste la verdad!

—Señor —dijo la mujer—, seguro que usted es profeta. (Juan 4.16-19, NTV)

Hablemos más sobre la perspectiva. El problema que yo tenía en Enid, Oklahoma, era uno de perspectiva; fue el problema que tuvieron los discípulos cuando potencialmente quisieron incinerar a todos, como vimos en el capítulo anterior; y es el problema que tiene la mayoría de la gente con esta historia en Juan 4. He enseñado y predicado este pasaje con el mismo prejuicio con el que posiblemente usted lo esté interpretando ahora. Todos tenemos nuestros propios prejuicios. Como señaló Steven Sample, el autor de *The Contrarian's Guide to Leadership* [La guía de liderazgo del opositor]: «No importa cuánto se esfuerce por lograrlo, un solo ser humano jamás podrá darle un reporte imparcial acerca de un evento o asunto. Siempre le dará un punto de vista con el filtro de sus propios prejuicios».[1]

La revelación acerca de la mujer samaritana, de haberse divorciado cinco veces y que ahora vivía con un hombre que no era su marido, hace pensar que Jesús estaba reprochando la situación en la que ella vivía. A primera vista se parece a una de esas prédicas antiguas de fuego y azufre para anunciar las buenas nuevas. A menudo, he escuchado la idea de que «no se puede conocer las buenas noticias sin antes escuchar cuales son las malas». Este sería el estilo de predicador que se pone de pie en la esquina con un cartel y un megáfono gritándole a la gente por las cosas malas que han hecho y diciéndoles que se van al infierno. ¿Era eso lo que hacía Jesús? Bueno, si lo hubiera escuchado de esa manera ella no hubiera respondido de la manera que lo hizo. Ella le respondió: «Seguro que usted es profeta», y no «¿A usted qué le importa?».

Mi hija Lauren tuvo un profesor en la universidad que se crio en un mundo en desarrollo. Mientras enseñaba este pasaje, preguntó: «¿Por qué los pastores americanos suponen que esta mujer era inmoral? Ella era una mujer que vivía en una cultura donde no podía cuidar de sí misma; de alguna manera tenía que vivir con un hombre. Tener cinco maridos y vivir con un hombre no significa que era inmoral».

Necesitamos reconocer desesperadamente los lentes por los cuales miramos, los cuales podrían no tomar en cuenta la realidad de otras personas. Esto es muy importante para los seguidores de Jesús que interactúan con otras personas, especialmente con aquellos que son de Samaria, o de otro lugar que se mira con desprecio, o de trasfondos y culturas que no hemos entendido completamente. Para Jesús, estos son como la mujer samaritana; para mí, podría ser cualquiera que no sea un hombre blanco que se crio en Oklahoma hace cuarenta años. Nunca derribaremos las barreras que existen entre el Padre y sus hijos hasta que nos sobrepongamos a nuestras propias perspectivas.

En caso de que no haya visto la foto en la contraportada de este libro, soy blanco. Tengo una perspectiva de una persona blanca. No recuerdo haber sentido que hayamos tenido grandes problemas con la desigualdad racial en Enid, Oklahoma. Mis problemas eran acerca de a qué escuela secundaria asistía alguien. Sin embargo, al recordar me doy cuenta, en mi opinión, que el asunto racial ya había finalizado a fines de los años setenta. Pero el problema con esa percepción es que soy blanco, y no me tocaba pasar por las experiencias que tenían mis amigos que no eran blancos; no es lo mismo cuando uno forma parte de la mayoría. Estoy seguro de que los chicos de Waller Junior High tampoco pensaban que había un problema con Enid. Cuando uno está en la cima de la cadena alimentaria es diferente.

Cuanto más vivo la vida, más me doy cuenta de que conozco muy poco de lo que es estar verdaderamente oprimido. No me mal entienda, mi vida no ha sido un encanto; tengo mis historias. Solo que he tenido oportunidades. Creo que es importante admitir ese hecho si es que alguna vez seré como Jesús al mundo que me rodea, y no quiero ser reprendido por él.

Recientemente, después de otro episodio de tensión racial en nuestro país, empecé a enseñarle a mi congregación lo que yo pensaba que era una defensa cristiana muy completa acerca de la igualdad racial, a pesar de lo que se había presentado anteriormente por personas prominentes que se llamaban a sí mismas cristianas. El tema me producía una pena profunda, y pensé que lo abordé convincentemente. Lo mismo pensaban mis amigos caucásicos de edad mediana cuando les preguntaban al respecto. Pero luego hablé con un amigo afroamericano y me dijo: «No creo que hayas abarcado el tema satisfactoriamente». Entonces, la semana siguiente volví a intentarlo.

El problema eran los lentes que yo usaba como filtro y la manera en que les leía el pasaje de la Escritura. Me imagino que es lo mismo para usted. Mientras leía acerca de la mujer en el pozo, supuse que esta mujer era como un personaje de Hollywood que no podía permanecer casada con un solo hombre. Así que cuando Jesús mencionó el asunto con los cinco maridos, supuse que él estaba «poniendo las cosas en claro» con alguien que tenía que cuidar mejor su compromiso. El problema era que lo que yo estaba asumiendo solo era válido para Estados Unidos del siglo veintiuno, donde por cierto ella *no* vivió.

Si ella se divorció cinco veces lo más probable es que hubiera sido abandonada cinco veces, porque en el lugar y el momento donde ella vivía no tenía el derecho de divorciarse de su marido. Desafortunadamente, todavía existen lugares hoy donde las mujeres no son valoradas y no tienen derechos, que es la razón por la que el profesor de mi hija tenía una perspectiva diferente. En el tiempo de Jesús, sin importar donde viviera; una mujer no tenía ningún derecho. No se podía divorciar de su esposo ni conseguir trabajo. Y no había ningún sistema de ayuda social por lo que literalmente tenía que tener un «acuerdo» con un hombre para poder sobrevivir. Esta es la razón por la cual se instruyó a la iglesia primitiva para que cuidara a las viudas y los huérfanos.

Nunca derribaremos las barreras que existen entre el Padre y sus hijos hasta que nos sobrepongamos a nuestras propias perspectivas.

Yo creo que la reacción de la mujer samaritana a lo que dijo Jesús demuestra que de ninguna manera ella se sintió juzgada, sino que se sintió *conocida*. No respondió ninguna otra cosa sino: «seguro que usted es profeta», y luego hizo una pregunta de seguimiento mostrando su interés en este hombre que parecía tener una posición ventajosa con Dios, debido a que conocía tanto acerca de ella.

Si examino este hecho a la luz de la manera en que Jesús obraba, como cuando le dijo a Janice «ni yo te condeno», el resto de la historia tiene mucho más sentido. En mi pensamiento, me imaginaba a Jesús con una mirada seria, raspando un dedo sobre el otro y avergonzándola por el hecho de que él sabía que ella se «había revolcado». Pero ahora intento imaginarme a Jesús como un salvador compasivo diciendo: «Cinco maridos te han rechazado, y tu vida ha sido dura».

Los eruditos dicen que el motivo más probable que esta mujer iba de un hombre a otro, pudo haber sido a causa de su inhabilidad de tener hijos. En el primer siglo el valor más alto de una mujer estaba en su capacidad de tener hijos. Nuevamente, estoy leyendo entre líneas más de lo que nos dicen las escrituras y estas suposiciones no son importantes al punto que hace la historia, ¿pero si lo fuera? ¿No cambiaría aún más su perspectiva? De repente esta mujer se transformaría de ser alguien inmoral e indigna a alguien que todos estaríamos de acuerdo que merece el amor de Jesús en todas sus formas. Todo es acerca de la perspectiva.

He tenido muchas conversaciones con amigos cercanos que no podían concebir un hijo, y me di cuenta de que el dolor es muy profundo, sin importar en el siglo en que vivamos. Entonces, todo esto es conocimiento importante para mí, porque mi esposa y yo no tuvimos este problema. Por lo que puede agregarlo a mi lista. Soy un hombre blanco de Oklahoma que no sufrió la infertilidad.

De todos modos, la realidad es que probablemente haya sido una mujer que sufrió profundamente, más allá de las razones por las que se había casado y divorciado cinco veces. ¿No le hace esto ver las cosas de otra manera? Por cierto, quizás haya sido una mujer muy infiel. Tal vez elegía mal a los hombres; no es difícil imaginar que una mujer pudiera hacer eso cinco veces. Pero sería igualmente doloroso. Lo que pretendo es que seamos abiertos al hecho de que usted y yo no vivimos donde ella vivió. La base para todas nuestras interacciones debería ser reconocer que no lo sabemos todo.

Jesús inició la conversación conociendo su situación y al mismo tiempo trató con el elefante en la habitación. Él empezó en el lugar donde ella se encontraba diciéndole: «Yo sé donde te encuentras y no importa. Quiero ofrecerte mi amistad. Quiero ofrecerte el agua de vida. Reconozco que eres una mujer y que eres samaritana, y que tu pasada manera de vivir y tu situación actual lleva a que las personas se aparten de ti, pero yo no soy así. Dios no es así». Él no se puso a predicarle, solo reconoció la situación en que se encontraba.

Jesús no estaba obligado a afirmar o negar su situación porque era irrelevante, él la guio con amor conociendo su trasfondo. Nosotros no. Esta es una perfecta ilustración de Romanos 5.6: «Cuando éramos totalmente incapaces de salvarnos, Cristo vino en el momento preciso y murió por nosotros, pecadores» (NTV).

Regresemos a la historia. Después de que Jesús le dijo acerca de sus cinco maridos, la reacción natural de la mujer samaritana fue de probar la sinceridad de Jesús. «Señor, me doy cuenta de que tú eres profeta. Nuestros antepasados adoraron en este monte, pero ustedes los judíos dicen que el lugar donde debemos adorar está en Jerusalén» (Juan 4.19, 20). Ella sacó a relucir sus diferencias religiosas. Siempre, en lo que a Jesús se refiere, hay algún muro que derribar. No podría decirles cuántas veces metí la pata con esto.

Observe como Jesús minimiza las diferencias y en lugar de centrarse en la división le ayuda ver la esperanza:

Pero se acerca el tiempo —de hecho, ya ha llegado— cuando los verdaderos adoradores adorarán al Padre en espíritu y en verdad. El Padre busca personas que lo adoren de esa manera. Pues Dios es Espíritu, por eso todos los que lo adoran deben hacerlo en espíritu y en verdad.

La mujer dijo:

—Sé que el Mesías está por venir, al que llaman Cristo. Cuando él venga, nos explicará todas las cosas.

Entonces Jesús le dijo:

—¡Yo soy el Mesías! (Juan 4.23-26, NTV)

¡Qué bella respuesta! Jesús pudo haberse puesto a discutir y decirle que él *sí* creía que Jerusalén era el lugar correcto del templo y que sus antepasados vivían en el error, ya que desde la perspectiva judía de Jesús era así. Los samaritanos no seguían correctamente la ley.[2] Pero en lugar de ponerse a debatir sobre las diferencias Jesús se enfocó en el futuro.

Si usted piensa que estoy tomando un enfoque muy indulgente con respecto a esta conversación, permítame asegurarle que mi interpretación se puede comprobar en Juan 4.26 cuando Jesús le dice: «¡Yo soy el Mesías!». Hasta ese momento, aparte de sus seguidores más cercanos, Jesús no había revelado completamente el grado de su identidad. Para el mundo, él era un gran maestro. Él quería tener mucho tiempo para ayudar a que sus seguidores aprendan y crezcan, y no estaba preparado para la rebelión y revolución que se crearía al proclamar que él era el Mesías. No usaba esa palabra deliberadamente. Pero le contó su secreto a una samaritana, una mujer que había tenido cinco maridos, y que ahora la había invitado a tener una relación con él y el Padre. *¡Buuum!*

Entonces, los discípulos, que habían ido a la aldea a comprar algo para comer, regresaron:

Justo en ese momento, volvieron sus discípulos. Se sorprendieron al ver que Jesús hablaba con una mujer, pero ninguno se atrevió a preguntarle: «¿Qué quieres de ella?» o «¿Por qué le hablas?». (Juan 4.27, NTV)

¿Se da cuenta del prejuicio? Ellos querían preguntarle:

- «¿Qué diablos haces, Jesús?».
- «¿Quieres que hagamos caer fuego del cielo?».
- «¿No te has dado cuenta de que es una mujer, una mujer *samaritana*?».
- «¿No te has dado cuenta de que está aquí al mediodía, por alguna razón?».
- «¿No basta que estamos incómodos en Samaria, sino que también tienes que estar aquí con *ella*?».

Siempre me pregunté por qué todos los discípulos de Jesús tuvieron que irse a la aldea a comprar comida. Parece como el principio de un chiste malo: «¿Cuántos discípulos se necesitan para trasladar un almuerzo?». Yo creo que Jesús los envió. Él sabía que iba a reunirse con esta mujer y que si tenía a los discípulos a su alrededor iba a ser difícil que la mujer le hablara. Por la renuencia que tenían, es obvio que se habrían sentido incómodos cerca de ella, y mucho más si tuvieran que hablarle, lo cual hubiera creado una barrera.

Mi teoría está respaldada por el hecho de que tan pronto llegaron los discípulos ella se fue, como si pudiera percibir la reacción de ellos. No quiero exagerar, pero los discípulos hubieran interferido. Los discípulos de Jesús a menudo eran un impedimento. Ese es el punto de este libro.

Pero cuando las personas tienen un verdadero encuentro con Jesús, y los seguidores de Jesús no lo impiden, los de afuera vendrán corriendo hacia él.

La mujer dejó su cántaro junto al pozo y volvió corriendo a la aldea mientras les decía a todos: «¡Vengan a ver a un hombre que me dijo todo lo que he hecho en mi vida! ¿No será este el Mesías?». Así que la gente salió de la aldea para verlo...

Muchos samaritanos de esa aldea creyeron en Jesús, porque la mujer había dicho: «¡Él me dijo todo lo que hice en mi vida!». Cuando salieron a verlo, le rogaron que se quedara en la aldea. (Juan 4.28-30, 39, 40, NTV)

Esta era la mujer que escogió ir al pozo a una hora que nadie iba, supuestamente para evitar a otras personas. O bien, era mala para las relaciones o había sido marginada muchas veces. Ella estaba viviendo con un hombre con quien no se había casado. Ella no había entendido la manera correcta de adorar a Dios. Y fue la primera misionera al pueblo samaritano.

¿Cuántas juntas misioneras hubieran dado su aprobación a esto? Bueno, en su defensa, ella se hizo muy amiga de Jesús. Quizás solo fue por una hora, pero en ese breve tiempo él le reveló su verdadera naturaleza. ¿Podría ser así de sencillo? Si Jesús pudo ver más allá de los grandes argumentos religiosos y un desdichado arreglo de convivencia, ¿por qué no lo hacemos nosotros?

Por lo general, no son las grandes cosas las que llevan a muchos de los seguidores de Jesús a crear barreras. Son las pequeñas.

CAPÍTULO 10

CUANDO LOS PRÓJIMOS Y LOS MOSQUITOS OBSTACULIZAN EL CAMINO

Los prójimos y los coladores de mosquitos

¡Ay de ustedes, maestros de la ley y fariseos, hipócritas!
Dan la décima parte de sus especias: la menta, el anís y el
comino. Pero han descuidado los asuntos más importantes
de la ley, tales como la justicia, la misericordia y la fide-
lidad. Debían haber practicado esto sin descuidar aquello.
¡Guías ciegos! Cuelan el mosquito, pero se tragan el camello.

(MATEO 23.23, 24)

POR FAVOR, DÍGAME QUE entre los lectores hay algún hincha de Monty Python. ¿Puede imaginarse a Jesús sobre el muro del castillo, con acento francés, burlándose del rey Arturo con el pasaje de Mateo 23?

Imagínese a Jesús diciendo: «¡Ay de ustedes, ustedes, ustedes que diezman el anís! (Deberá usar un mal acento francés para imitar la voz del guardia francés). Su madre fue un hámster y su padre olía a saúcos. ¡Hipócritas! ¡Guías ciegos! Cuelan el mosquito, pero se tragan el camello». «¿Podríamos hablar con otra persona?», dice el fariseo. «No. Váyase, o me burlaré por segunda vez», responde Jesús. Esto no se oye como el Jesús feliz, ¿verdad? ¿Por qué? Porque los fariseos son hipócritas, guías ciegos. Siguen todas las pequeñeces de la ley y descuidan lo más importante: la justicia, la misericordia y la fidelidad.

Mosquitos y camellos

El mosquito era el insecto más pequeño de los seres inmundos y se prohibía comerlo por ley. No tengo idea de por qué motivo estaban en la lista. ¿Será que los mosquitos eran un manjar? ¿Cuántos mosquitos debe uno comer para sentirle el sabor? He oído que estos saben a un buqué terroso con un toque de coriáceos, pero no soy sumiller.

¿Me permite ayudarle a procesar el sarcasmo y la frustración de Jesús en este pasaje? Estos líderes de la iglesia eran tan legalistas y obedientes hasta el punto de pasar el vino o el agua por una tela para evitar la posibilidad de quebrar la ley del mosquito por accidente. No digo que evitar los insectos sea algo malo, pero lo que apestaba era el motivo o, en realidad, las acciones que acompañaban el motivo. Estaban colando mosquitos y, al mismo tiempo, realizaban actividades religiosas que eran grotescamente injustas y despiadadas, así como tragar el camello. Jesús no pudo haber hecho un mayor contraste de la manera en que no entendían el asunto.

Colar un mosquito pequeño significaba diezmar la menta, el anís y el comino. El diezmo era una décima parte de la cosecha que era dada a Dios; esto es a los sacerdotes y levitas (Números 18.20-24;

Deuteronomio 14.24-29). Los fariseos llegaban hasta el punto de pagar los diezmos sobre las hierbas aromáticas usadas para condimentar las comidas, algunas de las cuales eran del mismo tamaño de un mosquito. El laborioso proceso debería demostrar el problema. Esto me hace cuestionar si seguir la ley de una manera tan microscópica era un intento de seguir la ley con exactitud, o si era un intento de *no* darle a Dios más de lo que se requería.

Ya que este es un desafío de parte de Jesús acerca de no entender lo principal del asunto, quiero dejar tranquilos a los fariseos porque a su manera estaban tratando de seguir la ley y ayudar a que otras personas hagan lo correcto. Pero Jesús estaba enojado con el legalismo que ejercían y por perder tiempo y esfuerzo colando y contando semillas cuando podían hacer algo a favor del prójimo.

Elias Chacour, el autor de *Blood Brothers* [Hermanos de sangre], escribe sobre su crianza en un internado cristiano en el Oriente Medio. Una noche fue a orar a la capilla y se quedó dormido y luego lo castigaron por romper las reglas de horarios permitidos, aunque solo había ido a orar a la capilla.

Por primera vez me enfrenté a las inflexibles reglas de la iglesia como institución. No podía entender por qué la obediencia estricta a una regla era más importante que buscar el corazón de Dios. A pesar de que estaba disgustado no podía culpar al rector. Él solo era un hombre cumpliendo con su trabajo de la mejor manera que sabía hacerlo. Al final me sometí, más o menos callado, al castigo: cuarenta días de restricción. Desafortunadamente, esa no fue mi última experiencia con el segmento de la iglesia que parece haberse olvidado de la humanidad a la cual fue llamada a servir.[1]

No pase por alto el hecho de que los fariseos ya conocían los principios de justicia, misericordia y fidelidad que Jesús quería que ellos entendieran. Ellos habían memorizado las escrituras acerca de estas cosas como Proverbios 21.3: «Practicar la justicia y el derecho lo prefiere el SEÑOR a los sacrificios». Estos líderes religiosos estaban también muy familiarizados con las profecías sobre el Mesías dadas por uno de sus profetas más respetados, Isaías, que enfatizó los mismos principios: «Sobre él he puesto mi Espíritu [el Mesías], y llevará *justicia* a las naciones» (Isaías 42.1, énfasis añadido).

Ellos eran más que conscientes de lo importante que estas cosas son para Dios, pero se distraían muy fácilmente con los mosquitos. Este es el mismo problema que abordó Jesús cuando le hicieron la pregunta más ridícula en toda su carrera ministerial. Un día Jesús estaba enseñando y alguien le preguntó:

—Maestro, ¿cuál es el mandamiento más importante de la ley?
—«Ama al Señor tu Dios con todo tu corazón, con todo tu ser y con toda tu mente» —le respondió Jesús—. Este es el primero y el más importante de los mandamientos. El segundo se parece a este: «Ama a tu prójimo como a ti mismo». (Mateo 22.36-39)

Yo pienso que el muchacho que hizo la pregunta rápidamente se dio cuenta de lo tonta que era, así que trató de redimirse haciendo una pregunta de seguimiento: «¿Y quién es mi prójimo» (Lucas 10.29), la cual fue aun peor.

Creo que podría haber sido un reportero deportivo.

El problema era que Jesús era el Hijo de Dios y conocía su corazón. Él sabía que el joven no era tonto. Quizás Jesús sabía que el motivo de esta persona era asegurarse de hacer únicamente las cosas que se requerían y nada más, era uno de esos interesados en los mosquitos.

Permítame resumir la respuesta de Jesús: «Si tienes que preguntarme quién es tu prójimo, eres un prójimo malo». Como verá, si usted tiene que preguntar cuál es la definición de *prójimo*, no indica que usted está esperando hacer más por otro, esto solo puede indicar que usted no tiene intención de hacer ninguna otra cosa que no *deba* hacer. No hay otra forma de interpretar esta pregunta. Él sabía que la persona que estaba delante de él era un *gracista*.

Como lo hacía a menudo, Jesús le respondió con una historia. Se la resumiré. Es de Lucas 10 y esencialmente Jesús dijo:

Había un joven, era un muchacho judío. Había ido a Jerusalén para atender unos negocios y estaba regresando a su casa. El camino a Jericó se extendía a lo largo de diecisiete millas. No era un buen camino, no había tantas patrullas, no estaba bien iluminado, y una banda de ladrones lo asaltó, lo golpearon, lo robaron y lo dejaron por muerto.

Pero, no se aflijan, porque un sacerdote, un líder de iglesia, por casualidad iba por el mismo camino. Si al pobre muchacho que fue asaltado le quedaba algún grado de conciencia, si pudo abrir sus ojos inflamados por la golpiza y mirar, tal vez pensó: *Qué bueno. Un hombre santo, un hombre de Dios de mi propia religión, nada menos. Esto será bueno para mí.* Pero no lo fue, porque cuando el sacerdote lo vio, se desvió y siguió de largo.

Esta fue la manera en que Jesús respondió a la pregunta tonta del muchacho: «Estoy hablando acerca de ti. Cualquiera que tiene que preguntar "¿Quién es mi prójimo?" es un prójimo malo. Permíteme describirte como es un prójimo malo. Es la persona que pasa por tu lado, pero se desvía para evitar de ser tu prójimo».

Jesús continúa:

De alguna manera, en la lista de quehaceres del sacerdote, ayudar a un hombre golpeado no estaba entre sus prioridades. Quizás no lo vio. Tal vez tenía que atender asuntos de la iglesia. Tenía que contar semillas de anís y colar mosquitos. Sin tener idea alguna acerca de la justicia, la misericordia y la fidelidad, él era un traga camellos.

Pero no se preocupen porque venía un levita. Pero por desgracia se desvió y siguió de largo evitando atender a su prójimo.

Quizás usted se pregunte: *¿Por qué motivo el sacerdote y el levita desviaron su camino?*

Si usted no entiende lo que era un levita, permítame decirle, era un fanático con un TOC (Trastorno obsesivo-compulsivo) para las cosas de Dios. Un levita era una persona que, de parte de Dios, se aseguraba de que todos siguieran las leyes que Dios había establecido. Muchas de las leyes tenían que ver con la limpieza, para protegerse de los gérmenes y cosas por el estilo. Eran los que ofrecían los sacrificios por los pecados de la gente que no estaba limpia.

Una de las reglas de ese tiempo era que no debían tocar a los muertos. Es una buena regla, tiene sentido. Si yo veo un muerto... no lo toco. El problema para este levita era que, si él muchacho estaba muerto y él lo tocaba, ese fin de semana no podía ingresar al templo y cumplir con sus deberes en la iglesia. ¿Se da cuenta? Este hombre pensaba que Dios estaba más interesado en que cumpla sus deberes religiosos que en amar a su prójimo. Me estremezco al pensar de cuántas necesidades pasamos de largo diariamente, manejando o caminando. ¿Cuántas veces no paramos para ayudar a otros porque vamos de camino al templo o para hacer cosas en la iglesia?

Así como cuando los fariseos confrontaron a Jesús por sanar a un hombre en el día de reposo diciéndole: «Jesús, has quebrado la ley».

A lo que Jesús les respondió: «¡Lo sané! ¿Qué es más importante?».

Recuerde, este es el mismo tipo de líder de iglesia a quien Jesús le contaba la historia, aquellos que cuelan el mosquito mientras se tragan el camello.

Ver a la gente

¿Quién es mi prójimo? Literalmente, es la persona que usted toma otro camino para evitarla. Ese es el ingenio sarcástico en la historia de Jesús. Los líderes religiosos tomaron otro camino para evitar al hombre herido. El área que rodea a Jerusalén es muy montañosa, así que, si subían o bajaban por una montaña, evitar al hombre les hubiera causado un esfuerzo aun mayor. Pero, si usted más tarde les hubiera preguntado al respecto, posiblemente le habrían respondido: «No sé de lo que está hablando. Nunca vi al muchacho. ¿Qué muchacho?».

Muchos de nosotros, si somos honestos, concordaríamos con Donald Miller, CEO de StoryBrand, quien dijo: «En el mundo viven más de seis mil millones de personas y yo solo puedo pensar en una: Yo».[2]

En la historia que presenta Jesús, él se asegura de señalar que ambos líderes de la iglesia vieron al hombre, pero aun así tomaron otro camino. ¿Será que en verdad lo habrán *visto*? ¿Entiende la pregunta que estoy haciendo? Uno puede mirar sin ver. ¿Cómo puede ser que usted vea el mosquito en su vino y pueda contar las semillas de anís, pero no pueda ver junto al camino la escena de un crimen?

Hace unos años, vi la película de Russell Crowe sobre Noé en un vuelo internacional y bajo la influencia de Ambien, así que tome mi crítica con pinzas: fue muy extraño. Creo que había seres angelicales que se parecían a Thing de *Los 4 fantásticos*. Pero la escena más extraña fue al final, porque en esta versión de la película, Noé pensaba que Dios le dijo que construyera el arca, no para salvar a la gente sino para juzgar a la humanidad y para matar a los que no fueron escogidos. Hay una escena muy tensa e incómoda donde la nuera de Noé da a luz mellizos sobre el arca y él piensa que tiene que matarlos.

En caso de que se haya quedado pensando, esto no tiene nada que ver con la historia de la Biblia. Para mí fue aún más difícil procesar todo porque Emma Watson interpretó el papel de la nuera de Noé, y el personaje de Hermione en *Harry Potter*. Era irritante, estaba en el medio del vuelo mirando una pantalla pequeña mientras el resto de la gente en el avión dormía profundamente.

Así que Noé, con una daga en la mano, se acerca a Hermione que estaba sosteniendo sus bebés. Dumbledore no aparecía por ningún lado. La orquesta llegó a una dramática pausa musical, mientras que los violines alcanzaron un punto alto con una reverberación más intensa. Nada bueno estaba por suceder. Entonces Noé *ve* a los bebés, fija su mirada en los ojos de ellos y en ese momento se da cuenta de que no los podía matar. Los amaba. ¡Qué alivio!

Aunque la interpretación bíblica en esta película es mala, esa es la manera en que Jesús nos dice que *veamos*. Tenemos que ver al hombre junto al camino. Ver a las personas necesitadas (especialmente si son sus nietos, Noé). Ver a la gente a través de los lentes de la justicia, la misericordia y la fidelidad. El sacerdote y el levita *miraron* al hombre, pero no lo *vieron*. Ellos solo vieron sus reglas y sus deberes.

Note el contraste entre lo que hicieron estos líderes de la iglesia en la historia del buen samaritano y cómo Jesús trató a la gente en necesidad:

> Jesús recorría todos los pueblos y aldeas enseñando en las sinagogas, anunciando las buenas nuevas del reino, y sanando toda enfermedad y toda dolencia. Al ver a las multitudes, tuvo compasión de ellas, porque estaban agobiadas y desamparadas, como ovejas sin pastor. (Mateo 9.35, 36)

La diferencia es que Jesús veía a las personas. He pasado muchas veces al lado de gente con la vida estropeada y a veces yo también quiero tomar otro camino y seguir de largo. A menudo, soy como los líderes de la iglesia en esta historia. Paso de largo a las necesidades que me rodean porque tengo otras cosas que hacer o porque soy un cretino egoísta. Lo que sé es que no estoy viendo a la gente a través de los lentes de la justicia, la misericordia y la fidelidad. No los veo como acosados e indefensos como ovejas sin pastor. En ese momento, en verdad no importan las reglas que yo esté siguiendo o cuán bien lleve a cabo mi deber religioso.

Entre las tribus del norte de Natal en Sudáfrica, el saludo más común equivalente a decir «Hola» en español, es la expresión *Sawubona*, que literalmente significa «Te veo». Si usted es uno de los miembros de la tribu, respondería diciendo *Sikhona*, o «Aquí estoy». El orden del intercambio es importante: hasta que no sea visto, yo no existo. Es como si al ver a una persona usted lo llama a la existencia.

Los líderes de la iglesia en esta historia no sabían quién era el prójimo. Pero no teman; aparece el héroe de nuestra historia, ¡y es un *samaritano*! ¿Esto, no le cambia la perspectiva? Jesús metió un tiro de esquina usando al samaritano de protagonista. En las narraciones judías, el tercer protagonista termina siendo el héroe de la historia. Así como la regla de tres en los chistes, el tercer protagonista típicamente es el remate. Este pasaje podría ser el origen de los chistes de este estilo. «Un rabino, un cura y un samaritano iban por el camino...». Note que esto hubiera llamado la atención de los líderes judíos. Jesús prepara el escenario de la historia opuesto a las expectativas que ellos tenían y pone a su peor enemigo como héroe en el centro de la historia. Por supuesto que también estaban los discípulos que dijeron: «¿quieres que hagamos caer fuego del cielo para que los destruya?».

Jesús dijo: «Pero un samaritano que iba de viaje llegó adonde estaba el hombre y, *viéndolo*, se compadeció de él» (Lucas 10.33, énfasis añadido). Hay una diferencia entre ver y *ver*. El samaritano al ver al hombre golpeado tuvo compasión de él. La palabra griega para compasión es *splagjnon*. Esta palabra describe un sentimiento que se origina en las entrañas, que es exactamente como se escucha cuando la pronuncia. Cuando usted deja de tragar camellos puede sentir empatía por las personas que ve.

Ser un prójimo compasivo es que, cuando los ve por medio de sus entrañas, usted sentirá lo que ellos están pasando. No es un conocimiento intelectual, ni del corazón, usted lo siente en el interior de su ser.

Jesús dio un giró a la trama

¿Qué hizo el samaritano? Él fue al hombre herido, vendó sus heridas, derramó aceite y vino sobre él, lo cargó en su propio animal, lo llevó al mesón y lo cuidó pagando todas las expensas médicas.

¿Un *buen* samaritano? ¿El samaritano es el *héroe*? Es un giro en la trama. Es una clara ilustración de todo el problema del gracismo. Es una bofetada en la cara a los líderes judíos porque, tal como vimos en el capítulo 8 acerca de la mujer en el pozo, los judíos y los samaritanos no se lleva- ban bien; había una profunda raíz de odio entre ellos. Y, por cierto, a los ojos de Jesús y de cualquiera que seguía las reglas de Dios, estos sa- maritanos estaban practicando una forma errónea de adorar.

> Es posible que alguien tenga una mala teología, pero aun así ser un mejor prójimo que usted.

Pero recuerde que Jesús inventó esta historia; no se basa en algo que realmente haya sucedido. ¿Por qué incluyó a un sama- ritano en este papel? Porque Jesús estaba diciendo que es posible que alguien tenga una mala teología, pero aun así ser un mejor prójimo que usted. La teología de ellos podría guiarlos a tragarse algunos mosquitos, pero los camellos están a salvo. La verdadera teología es la teología que se pone por obra, es dejar de preguntar:

¿Quién es mi prójimo? Y empezar a preguntar: ¿No quiere usted ser mi prójimo?

No es que la teología (colar mosquitos) no sea importante. El problema se suscita cuando estamos demasiado envueltos en nuestra propia teología que no nos afecta en la práctica. Si nuestra teología vertical no afecta nuestra visión horizontal, eventualmente podemos quedar cegados. Y si lideramos grupos de otros creyentes, esto nos convertirá en los «guías ciegos» que Jesús mencionó en Mateo 12.

Entonces Jesús preguntó: «¿Quién, pues, de estos tres te parece que fue el prójimo del que cayó en manos de los ladrones?» (Lucas 10.36, RVR1960). Y el muchacho de la pregunta tonta dijo: «El que usó de misericordia con él» (v. 37). Note que ni siquiera se atrevía a decir: «el samaritano». En cambio, dijo: «Ah, sí, el tercero de la historia».

Lo que Jesús dice a continuación es la parte más importante de la historia: «Ve, y haz tú lo mismo» (v. 37).

CAPÍTULO 11

CUANDO NUESTROS CORAZONES OBSTACULIZAN EL CAMINO

Para ese hice una diferencia

Luego dirá a los que estén a su izquierda: «Apártense de mí, malditos, al fuego eterno preparado para el diablo y sus ángeles. Porque tuve hambre, y ustedes no me dieron nada de comer; tuve sed, y no me dieron nada de beber; fui forastero, y no me dieron alojamiento; necesité ropa, y no me vistieron; estuve enfermo y en la cárcel, y no me atendieron». Ellos también le contestarán: «Señor, ¿cuándo te vimos hambriento o sediento, o como forastero, o necesitado de ropa, o enfermo, o en la cárcel, y no te ayudamos?». Él les responderá: «Les aseguro que todo lo que no hicieron por el más pequeño de mis hermanos, tampoco lo hicieron por mí».

(MATEO 25.41-45)

HABÍA UNA VEZ, como dice la historia, un anciano que iba al océano para inspirarse a escribir. Tenía el hábito de caminar por la playa antes de empezar su trabajo. Una mañana, temprano, después de que pasó una gran tormenta, estaba caminando por la orilla y hasta donde podía ver la playa estaba cubierta de estrellas de mar.

A la distancia, el anciano vio a un niño caminando y, mientras lo hacía, se detenía cada tanto. A medida que se acercaba, el hombre vio que ocasionalmente se inclinaba para agarrar un objeto y lo arrojaba al mar. Entonces, cuando el niño se acercó más, el hombre le dijo: «¡Buen día! ¿Podrías decirme qué estás haciendo?».

El niño hizo una pausa, lo miró y respondió: «Arrojando estrellas de mar al océano. La marea las arrastró a la playa y no pueden regresar al mar por sí mismas. Una vez que suba el sol se morirán a menos que las devuelva al agua».

El anciano le dijo: «Pero la playa debe tener decenas de miles de ellas. Temo que no podrás hacer una gran diferencia».

El muchacho se inclinó y agarrando otra estrella de mar la arrojó tan lejos como pudo en el océano. Entonces se dio vuelta, sonrió y le dijo: «Para esa hice una diferencia».[1]

A medida que me he involucrado en trabajos de socorro, justicia y las misiones en el mundo, aprendí una lección muy importante: «Para esa hice una diferencia» no es la respuesta final a los problemas que hay en el mundo de pobreza e injusticia. Aunque la historia de la estrella de mar es muy bonita, necesitamos tener una perspectiva más amplia y respuestas más profundas.

Muchas veces arrojamos una estrella de mar al océano sin resolver el problema de por qué sigue apareciendo en la playa. Parte de esto tiene que ver con la política y la corrupción; otra parte tiene que ver con nosotros, tomo prestada la expresión: «Regalamos el pescado en lugar de enseñarles *como* pescar». Para entender mejor este complejo/dilema le recomiendo altamente el libro *Cuando ayudar hace daño* por Steve Corbett y Brian Fikkert.[2] Es muy valioso tener presente este amplio panorama,

¿pero significa que debemos dejar de ayudar a esa estrella de mar que está delante de nosotros?

Jesús claramente dijo que necesitamos estar personalmente involucrados en amar, salvar y servir a los que están sufriendo a nuestro alrededor. Él incluso va más allá de eso diciéndonos que cuando hacemos esto, en verdad no estamos sirviendo a uno de los «más pequeños», sino que servimos a Jesús mismo: «Él [rey] les responderá: "Les aseguro que todo lo que no hicieron por el más pequeño de mis hermanos, tampoco lo hicieron por mí"» (Mateo 25.45).

Es algo abrumador, ¿verdad? Esto es algo que me deja enredado. Si entiendo correctamente, esto significa que si tomo la salida de la autopista camino a mi casa y hay una persona que parece indigente sosteniendo un cartel de cartón, que describe su triste historia y que necesita ayuda por algún motivo, ¿ese es Jesús? Lo que es aún más confuso es que una vez seguí a un hombre de vuelta a su auto que había escondido más adelante en el camino y no se parecía al auto de Jesús. ¡Era más bonito que el mío!

Yo sé que hay muchos que son indigentes de verdad y que no tienen otra opción que pedir ayuda. Pero también he hablado con personas que estaban acostumbradas a extender la mano pidiendo y recaudaban más dinero haciendo eso que lo que mucha gente gana en un empleo común. Entonces, ¿cómo puedo saber cuándo debo bajar la ventanilla y dar? ¿Debería hacerlo siempre? Lo que quiero decir es que si el castigo por hacer otra cosa es que Dios me diga que me aparte de él y entre al fuego eterno preparado para el diablo, prefiero errar por el lado de la generosidad.

Bueno, no iremos al cielo o al infierno sobre la base de las obras, así que de entrada lo dejaré libre. Usted no llegará a las famosas puertas del cielo para enterarse de que pasó por alto a un indigente y, por lo tanto, no entrará. Sin embargo, cuando usted considera las advertencias de Jesús sobre ignorar la justicia y las historias como las del buen samaritano (Lucas 10.25-37), el hecho de no cuidar a los más pequeños es algo que ciertamente enojó a Jesús.

Para ser honesto, es probable que me haya desgastado mucho en este tema. A veces la pregunta parece ser demasiado grande. Por ejemplo, ¿cómo interpretamos lo que significa cuidar a los menos afortunados? ¿Cómo resolvemos los drásticos problemas de la desigualdad en el mundo sin hacer más mal que bien? Al enfrentarnos con un mundo en desarrollo, esta pregunta ha representado un papel muy importante en el cambio de énfasis para nuestra iglesia. Hemos llegado a entender que gran parte de nuestra misión, a largo plazo, ha resultado insalubre. Lo que hacíamos al momento nos parecía bueno, y se han llevado a cabo unos proyectos extraordinarios, pero a la larga, nuestros esfuerzos no han sido muy sostenibles.

Hay mucho trabajo por hacer. Cuatrocientos millones de niños alrededor del mundo están viviendo en la pobreza extrema, que se define como vivir con menos de $1,25 por día. Todos los días, 21.000 niños mueren como resultado de la pobreza o por enfermedades prevenibles que están relacionadas a la pobreza. Cada 3,6 segundos, una persona muere de hambre y la mayoría de las veces es un niño menor a los cinco años.[3]

¿Cuál es nuestra responsabilidad en medio de todo esto? La Biblia es clara:

- Juan dijo: «Pues el que no ama a su hermano, a quien ha visto, no puede amar a Dios, a quien no ha visto» (1 Juan 4.20).
- Pablo dijo: «Comparten con libertad y dan con generosidad a los pobres» (2 Corintios 9.9, NTV).

- El Salmo 82.3, 4 dice: «Defiendan la causa del huérfano y del desvalido; al pobre y al oprimido háganles justicia. Salven al menesteroso y al necesitado; líbrenlos de la mano de los impíos».
- Jesús no escatimó sus palabras. Él dijo: «Él [rey] les responderá: "Les aseguro que todo lo que no hicieron por el más pequeño de mis hermanos, tampoco lo hicieron por mí". Aquellos irán al castigo eterno, y los justos a la vida eterna» (Mateo 25.45, 46).

El filósofo Søren Kierkegaard describió la tensión que muchos de nosotros sentimos entre el pensamiento y la acción de esta manera: «La Biblia es muy fácil de entender, pero hacemos de cuenta que no podemos entenderla porque sabemos muy bien que en el momento que la entendamos estaremos obligados a actuar en consecuencia».[4]

Otro lo hará

Muchas veces he tenido esta conversación sobre el claro llamado para ayudar a los menos afortunados, y escucho a las personas decir: «Sí, estamos de acuerdo. *Tenemos* que hacer algo». Existe un problema, generalmente no hay mucho de «mi» cuando decimos «tenemos que...». Vamos a ser honestos. En realidad, estamos hablando de otra gente, del gobierno de ellos o del nuestro, o de la organización sin fines de lucro o de esa «gente rica».

Es como la historia de los dos niños que fueron al consultorio del dentista. Uno de ellos dijo valientemente: «Quiero que me saque un diente, y no quiero que use gas ni que me adormezca... ¡porque estamos apurados!

El dentista le dice: «Eres un joven bastante valiente. ¿Qué diente es?».

El muchacho se da vuelta y le dice a su amiguito: «Alberto, muéstrale tu diente».

Escuche nuevamente las palabras de Jesús: «Él les responderá: "Les aseguro que todo lo que no hicieron por el más pequeño de mis hermanos, tampoco lo hicieron por mí"» (Mateo 25.45). Lo mismo dijo desde el lado positivo (v. 40): «Les aseguro que todo lo que hicieron por uno de mis hermanos… lo hicieron por mí». No es acerca de *ellos*; es acerca de *usted*. No es acerca de *nosotros*; es acerca de *mí*.

¿Por qué estoy tan convencido? Porque Jesús está interesado en la raíz de todos los problemas, nuestro corazón. La enseñanza de Jesús más larga registrada en los evangelios es la que conocemos como el Sermón del monte (Mateo 5–7), que trata acerca del corazón. Allí Jesús nos dice que el odio es lo mismo que el asesinato por causa de nuestro corazón. La

> No es acerca de *nosotros*; es acerca de *mí*.

lujuria es lo mismo que el adulterio por causa de nuestro corazón. En esencia, el corazón es el centro del asunto.

En el pasaje de Mateo 25 acerca del pobre, el hambriento y el encarcelado, Jesús está enojado por *dos* cosas, el acto de indiferencia a los «más pequeños», *y* por el hecho de que nuestros corazones estaban tan endurecidos que ni siquiera nos dimos cuenta de la necesidad: «¿Cuándo te vimos hambriento o sediento, o como forastero, o necesitado de ropa, o enfermo, o en la cárcel…?» (v. 44).

Si esa persona, a quien sirvo, el «más pequeño», es en verdad Jesús, él nos está tratando de mostrar que cuando visitamos, damos, alimentamos y vestimos a los menos afortunados ¿podría ser tanto para *nuestro beneficio* como para el de ellos? Lo que nos está haciendo falta es algo muy importante para la terapia cardíaca de nuestros corazones.

Como lo insinué, hay un gran debate en los círculos de la justicia social acerca de llevar a personas del mundo *desarrollado* en viajes de corto plazo para que den su ayuda en el mundo que está *en desarrollo*. Es por una buena razón. Estoy conectado de cerca en los dos lados para entender plenamente el asunto. Honestamente, rara vez es rentable para la organización receptora en términos de tiempo y energía cuando un grupo del mundo desarrollado va para ayudar. Además, como ya lo abordé, es contraproducente proveerles el pescado en lugar de enseñarles a pescar. Aun así, lo seguimos haciendo, y yo le recomiendo que lo haga. Yo sé que *mi vida* ha sido transformada por ir a otros lugares a servir a Jesús.

Conocí a Jesús en mi primer viaje a Nairobi. Su nombre era Collins Otiendo. Él vivía con su familia en el distrito de Mathare en Nairobi, Kenia, una parte de la ciudad que en ese tiempo el gobierno no quería reconocer que existía. He visto la pobreza en muchas partes del mundo, pero nada se comparaba a las aldeas de hojalata en Nairobi. Caminaba cuidadosamente cuando entré en Mathare para no pisar dentro del canal del desagüe cloacal que corría entre las filas de las chozas. El distrito no tenía electricidad, agua corriente ni baños. Me advirtieron de que evite cualquier bolsa de plástico que pudiera estar en el suelo. Esas bolsas eran conocidas como «inodoros voladores», que describía la práctica de la gente de aliviarse dentro de las bolsas y arrojarlas por la ventana.

Muchos de los niños me miraban con gran sorpresa e impacto porque nunca habían visto a un hombre blanco. Generalmente me llevo muy bien con los bebés, pero bueno, piense en los niños sentados sobre el regazo de Papá Noel en el centro comercial. Bien podría haber estado vestido como el payaso aterrador.

En esa primera visita, que está perpetuamente grabada en mi memoria como uno de los momentos que cambiaron mi vida, conocí a la familia Otiendo. El padre se había ido, la madre tenía SIDA y el resto de la familia vivía en una habitación con paredes de hojalata sin ninguna clase de instalaciones. Ni siquiera había una luz, lo cual crea exactamente el tipo de territorio peligroso que usted se imagina cuando baja el sol. Los niños más jovencitos estaban siendo cuidados por el ministerio que estaba allí visitando, Missions of Hope International (MOHI), que tenía un programa para el patrocinio infantil. Pero Collins, el jovencito que cambió mi vida con su grande y desbordante sonrisa, llena de Jesús, se estaba graduando del programa junto con su hermano mayor, George. Pronto tendrían que irse a vivir a las calles porque no había becas disponibles para la escuela secundaria.

No podía dejar que eso suceda, así que me involucré con Collins, la estrella de mar, y su familia. Nuestra iglesia ayudó a MOHI a comenzar un programa de patrocinio para los niños mayores. Y con la ayuda de uno de mis amigos adopté extraoficialmente a Collins y George. Pude visitarlos a ellos y al ministerio varias veces, y también lo hice con toda mi familia. Una de mis hijas pasó un verano trabajando con el programa en Nairobi. Con el tiempo, Collins pasó a formar parte de nuestra familia; me llamaba papá y yo lo llamaba hijo. Mis amigos y yo también ayudamos a financiar una casa y una propiedad para su familia. Los muchachos se graduaron de la secundaria y la universidad con un título de educación superior, y Collins tenía planes de empezar su propia escuela.

Sobre la marcha, nuestra iglesia se involucró mucho más en el patrocinio de los niños y facilitamos una manera eficiente para ayudar a que nuestra iglesia pudiera hacer una diferencia.

Hay muchas iglesias en Estados Unidos trabajando juntas para proveer a decenas de miles de niños con alimentos, educación y el amor de Dios en dieciséis escuelas en Kenia. Además, también hay muchas iglesias locales que están involucradas en el programa y se han convertido en parte de la solución para ayudar a estos «más pequeños».

Pero no permita que esto se oiga como una historia de éxito de la pobreza. Ese no es el punto que quiero hacer. Bueno, parece que sí, pero la pobreza era la *mía*, no la de Collins. El último correo electrónico que recibí de Collins fue hace dos semanas antes de que falleciera. Resulta que él tenía un corazón agrandado sin detectar, y un día se paró. Tristemente, en muchos sentidos, Collins seguía siendo una víctima de la pobreza. Su condición cardíaca podría haber sido causada por una infección cuando era más joven o podría haber sido genética. Pero sin cuidado de la salud ni el historial familiar, no hubo detección hasta que fue muy tarde. Si él hubiera crecido en un lugar que le hubiera ofrecido un cuidado normal de la salud, es probable que su problema hubiera sido descubierto y tratado.

Ahora, Collins está con Jesús. Para mí sigue siendo una realidad dolorosa, pero al mirar atrás, puedo leer Mateo 25 desde un ángulo diferente. ¿Qué si el juicio de las ovejas y las cabras que hace Jesús no es acerca de cuantas estrellas de mar arrojamos devuelta al agua, sino acerca del hecho de verlas en primer lugar?

Mi duro corazón

Los eruditos han debatido Mateo 25.41-43 *ad nauseum*, porque a simple vista parece ofrecer una salvación basada en las obras. De la manera que el cielo es para la gente buena y el infierno para la gente mala. Honestamente, nunca ha sido tan difícil para mí. Como nos dijo Pablo en Romanos: «Porque sostenemos que todos somos justificados por la fe, y no por las obras que la ley exige» (Romanos 3.28). La salvación por gracia es la razón suprema por la que Jesús vino y murió; él lo hizo por todos mis pecados, incluyendo mi duro corazón. Cuando el ladrón sobre la cruz le pidió a Jesús la entrada al reino, Jesús no le dijo: «Sí, claro, tan pronto trabajes en un comedor de beneficencia por unos días».

Se estima históricamente que el escritor de otra de las cartas del Nuevo Testamento, se llamaba Santiago y era el hermano de Jesús. (Sin ninguna presión). Miremos lo que él nos dice acerca de esto:

> Hermanos míos, ¿de qué le sirve a uno alegar que tiene fe, si no tiene obras? ¿Acaso podrá salvarlo esa fe? Supongamos que un hermano o una hermana no tiene con qué vestirse y carece del alimento diario, y uno de ustedes le dice: «Que le vaya bien; abríguese y coma hasta saciarse», pero no le da lo necesario para el cuerpo. ¿De qué servirá eso? Así también la fe por sí sola, si no tiene obras, está muerta. Sin embargo, alguien dirá: «Tú tienes fe, y yo tengo obras».
>
> Pues bien, muéstrame tu fe sin las obras, y yo te mostraré la fe por mis obras. (Santiago 2.14-18)

Una persona puede tener un conocimiento intelectual acerca de Dios y seguir literalmente sus reglas sin nunca tener un trasplante de corazón, pero la esencia de los evangelios es la transformación del corazón. Lo que Santiago nos dice es que seguir a Jesús es mucho más que tan solo creer. Mire lo que dice Santiago 2.19: «¿Tú crees que hay un solo Dios? ¡Magnífico! También los demonios lo creen, y tiemblan». No es acerca de creer; es acerca de su corazón. Tim Keller lo dice de esta manera: «El veredicto nos lleva al comportamiento. No es el comportamiento que nos lleva al veredicto».[5]

Jesús estaba enseñando a un grupo de personas que pensaban que estaban conectados con Dios, pero sus corazones aún no habían hecho la transición. Esta es la razón por la cual debemos conectarnos personalmente con los «más pequeños». Porque ellos *son* así como Jesús para nosotros. Collins fue así como Jesús para mí. Yo fui quien aprendió de Jesús en esa relación, aunque probablemente Collins hubiera discrepado.

Los expertos dirían que, sin mi compasión por arrojar esa estrella de mar al océano, Collins se hubiera secado en el sol, o quizás no hubiera sobrevivido tanto como lo hizo, o peor aún, se hubiera hecho parte del problema en lugar de la solución, en esa extensión incontrolada de la playa donde tantas estrellas de mar perecen. Pero el impacto que esta relación tuvo en mí, en mi familia y mi corazón, vale mucho más que cualquier alimento, educación o techo bajo el cual dormir. Estoy seguro de que él estaría de acuerdo con esto.

Nuestra hija, Lauren, pasó seis meses en Bolivia en una casa de acogida para niñas mientras asistía a Wheaton College. Bolivia es uno de los países más pobres en América Latina y estas eran las niñas «más pequeñas» en una de las naciones de las «más pequeñas». Ella sonreía mientras nos contaba la historia de una de las niñas en la casa de acogida llamada Betty, quien había llegado de la jungla y de una situación muy mala. Ella nunca había oído acerca de Jesús, pero un día cuando Lauren entró en su habitación y vio pintando, le preguntó: «¿A quién estás pintando?».

Ella respondió: «A Jesús».

Lauren tuvo que morderse el labio para no reírse. En la pintura Jesús tenía cabello crespo y ojos muy bonitos, y se parecía a una mujer.

Betty sabía que Jesús era hombre, pero Lauren dice que se dio cuenta de que las únicas personas que habían sido Jesús para ella eran mujeres. Ella dibujó un Jesús femenino, porque el testimonio que ella había recibido fue a través de mujeres.

Esto es a lo que Jesús se refería en Mateo 25. A medida que construimos relaciones y servimos a las personas que somos llamados a ver, Jesús es revelado. Collins y yo nos hicimos Jesús el uno para el otro, y cuando lo hicimos nuestro mundo mejoró para los dos.

Entonces, ¿qué hacer cuando no estamos seguros de cómo avanzar al considerar las preguntas más importantes acerca de cómo abordar mejor la pobreza y la injusticia? Por cierto, debemos asegurarnos de que la ayuda que ofrecemos haga más bien que mal, pero cuando se trata de relaciones es mejor deshacernos del análisis de costo versus beneficio.

Sé que nuestra relación para Collins significaba mucho más que cualquier otra cosa. La última vez que lo vi en persona a él y a George, fue cuando tuve una escala en Nairobi en viaje a Malawi, y ellos hicieron arreglos drásticos para ir y sorprenderme en ese corto tiempo que estaría allí. Fueron muy rápidos. La última memoria que tengo de Collins es un video que hicimos cantando el «Feliz Cumpleaños» a mi hija (la hermana de ellos) Becca, al despedirnos ese día. A menudo, cuando me pongo a pensar en cuánto lo extraño miro el video. «Feliz cumpleaños, querida Beeekah».

Es fácil sentirse vencido por un sentimiento de impotencia al considerar asuntos tales como la pobreza, el hambre y la injusticia en el mundo. No puedo solucionarles el problema a todos.

Soy solo una persona. Pero es importante que lo solucione para alguien. Me atrevería a decir que todos conocemos a alguien a quien podemos ayudar. Todos conocemos a alguien que está solo, enfermo, pobre o de alguna manera encarcelado. Y a propósito, George y su familia están bien, sigo involucrado con ellos.

Para aquellos de nosotros que sentimos ese peso al ver la enormidad de la situación, sugiero que regresemos a Lucas 9. Jesús estuvo en Betsaida, hablando a las multitudes que se habían reunido para escucharlo:

Al atardecer, los doce discípulos se le acercaron y le dijeron:

—Despide a las multitudes para que puedan conseguir comida y encontrar alojamiento para la noche en las aldeas y granjas cercanas. En este lugar alejado no hay nada para comer.

Jesús les dijo:

—Denles ustedes de comer. (Lucas 9.12, 13, ntv)

La respuesta de los discípulos a las necesidades que veían era: «Jesús, aquí hay demasiadas necesidades».

Pero Jesús les dijo: «Denles ustedes de comer».

Viendo que estaban abrumados les preguntó: «Hagamos lo que podemos con lo que tenemos. ¿Qué tienen a mano?». (Esta es una buena pregunta. ¿Qué tiene usted a mano?) Jesús les dijo: «Háganlo ustedes. Denles ustedes de comer. Dejen de jugar a la iglesia y empiecen a hacer justicia, misericordia y fidelidad».

«Bueno, ¿qué debo hacer yo?».

«¿Qué tienes a mano?».

Bob Goff lo dice tan bien: «No compliquen las cosas más de lo que están. Empiecen. Vayan ahora mismo a buscar a alguien que tiene hambre y hagan algo al respecto. Escuché a muchas personas decir que al pobre es mucho mejor darle una caña de pescar que presentarle una comida, pero yo no los veo repartiendo pescados ni cañas de pesca».[6]

Obviamente, para Jesús este no era un asunto insignificante. Tal vez no sea tanto acerca de las personas que está ayudando, sino acerca de usted. ¿Qué si «la diferencia que hace para ese» es sobre usted y no la estrella de mar?

¿Y qué si ese, para quien hace la diferencia, es su vecino o su amigo o un niño pequeño?

CAPÍTULO 12

CUANDO LOS NIÑOS OBSTACULIZAN EL CAMINO

Saluden a mi pequeño amigo

Pero, si alguien hace pecar a uno de estos pequeños que creen en mí, más le valdría que le colgaran al cuello una gran piedra de molino y lo hundieran en lo profundo del mar.

(MATEO 18.6)

LA GENERACIÓN DE LOS ADULTOS piensa que los jóvenes tienen todo fácil. Es algo natural, porque es verdad. La humanidad es muy buena para la innovación y de muchas maneras la vida se ha hecho más fácil. No importa cuál sea su edad; solo piense como las cosas han cambiado. Tal vez mis nietos nunca aprendan a manejar, porque la transportación será automatizada. Es asombroso de la manera que cambian las cosas.

Cuando era niño no había internet. Si usted quería saber algo tenía que ir a la biblioteca y buscarlo. No había redes sociales, correo electrónico, mensajes de texto o mensajitos. Si usted quería hablar con una chica tenía que pasar una nota por medio de tres amigas. Ahora que lo pienso, supongo que eso es tan cobarde como enviar mensajes de texto. Algunas cosas nunca cambian.

Tampoco había manera de grabar los programas de televisión. Si usted quería mirar el *Mago de Oz*, tenía que verlo cuando lo transmitían y con los avisos publicitarios. Siempre parecía que lo pasaban un domingo cuando mis padres me hacían ir a la iglesia, así que cuando aprendí que Dorothy intentaba regresar a Kansas ya era adulto. (Lo que aún no tiene sentido para mí).

En aquel tiempo solo había tres o cuatro canales de televisión y para encontrar la programación debía usar un librito llamado *TV Guide* (esto es si sus padres no economizaban tanto como los míos y le compraban uno). Los dibujos animados los pasaban solo los sábados a la mañana, así que no se podía quedar dormido. No había videojuegos de realidad virtual con gráficos de alta resolución. Teníamos Pong. Búsquelo.

El mundo de hoy es algo muy diferente y va cambiando a cada minuto. Ahora trate de imaginarse a la gente del tiempo de Jesús visitando el siglo veintiuno. Se quedarían asombrados por muchas cosas. Estoy seguro de que la tecnología sería lo más sorprendente. Pero la sociología los dejaría aún más asombrados. Ya que muchos de los problemas sociales que aún tenemos, en cuanto a la manera en que nos tratamos unos a otros, la gente del primer siglo se quedaría anonadada por lo bien que conviven todas las razas y tribus, al ver que se ha eliminado ampliamente la esclavitud y como se ha avanzado en cuanto a la igualdad entre los hombres y las mujeres. Y se quedarían absolutamente fascinados por la manera en que tratamos a nuestros hijos, es decir, el cuidado y la protección que les brindamos.

No estoy sugiriendo que la gente de esos tiempos no amaba a sus hijos, pero los cuidaban muy diferentemente. Me hace reír el solo hecho de pensar si una de esas personas intentara abrir una cerradura con seguridad para niños o colocara a un niño en un asiento de seguridad para el auto. Al igual que con la tecnología, hemos avanzado mucho en la forma en que cuidamos a nuestros hijos. Cuando era niño no había redes alrededor del trampolín, nos caíamos y listo. Cuando era niño no teníamos cinturón de seguridad, nos deslizábamos hacia atrás y adelante sobre los asientos de vinilo, ¡teníamos que agarrarnos! Y a veces me quedaba dormido en la ventana trasera. Bueno, voy a parar.

No sé qué pensaría usted sobre cómo cuidamos a nuestros hijos, pero sé que estoy agradecido porque amo a los niños y a Jesús también. Uno de los incidentes en la Biblia en que Jesús se enojó ocurrió cuando los discípulos no dieron el suficiente valor a los niños. Marcos 10.14 nos dice que Jesús «se indignó» por la situación. Indignarse es: «sentir descontento y antagonismo como resultado de una mala acción o de algo supuestamente malo, estar muy enojado, llenó de ira».[1]

¿Por qué se indignó Jesús? Esta situación empezó unos días antes en otra historia graciosa.

La historia empezó unos días antes...

De acuerdo con Marcos 9.34, todo empezó por una «discusión» entre los discípulos acerca de quién sería el más importante en el reino. No importa cuánto tiempo usted lleve siguiendo a Jesús, el egoísmo buscará la manera de entrar a su alma.

Lo grandioso de esta historia es que por alguna razón se involucró la madre de Jacobo y Juan. Ella le preguntó a Jesús si sus hijos podrían sentarse a su lado en el trono (Mateo 20.20, 21). ¿Se lo imagina? Jacobo y Juan, ¿qué hace su mamá aquí? Ahora que lo pienso, tendría que pedirle la aprobación a mi mamá para este libro.

Mateo 20.24 registra que después que lo oyeron los otros diez, se indignaron contra los dos hermanos. Debemos recordar que, en ese momento, la mayoría de los discípulos eran jóvenes, pero de todos modos es una historia extraña. Esto era mucho más que tan solo gritar «escopeta». Estaban buscando una posición de poder. Lo que me gustaría saber es si los diez estaban indignados debido a lo que Jacobo, Juan y su mamá buscaban lograr, o porque ellos no lo habían pensado primero. De todas formas, sabemos que había tensión y Jesús también lo sabía.

> Llegaron a Capernaúm. Cuando ya estaba en casa, Jesús les preguntó:
> —¿Qué venían discutiendo por el camino?
> Pero ellos se quedaron callados, porque en el camino habían discutido entre sí quién era el más importante. (Marcos 9.33, 34)

Si me permite parafrasear, Jesús preguntó: «¿De qué estaban discutiendo mientras caminábamos?».

«Ah, nada».

Jesús estaba bromeando con ellos. Obviamente, él sabía de qué se trataba así que decidió poner las cosas en claro. «Muchachos, ustedes se olvidan de que yo soy Jesús y que puedo escucharlos. Estuve oyendo el altercado que tuvieron. Ahora les daré la respuesta acerca de quién se sentará al frente en el reino de Dios».

Recuerde que el objetivo de Jesús no era que los discípulos tan solo se *sentaran* en el reino, sino que también lo *dirigieran*. Jesús les iba a dejar las llaves al autobús del reino (Mateo 16.19), así que debían entender bien las cosas. Siempre me asombra el hecho de que Jesús haya confiado una pequeña parte de su reino a líderes como yo. No sé si en verdad él lo ha hecho, pero me ha tocado dirigir una de sus iglesias por casi treinta años y aún no he sido fulminado por un relámpago, así que permítame este delirio.

En el siglo veintiuno, soy tan solo una partícula insignificante del liderazgo en su inmenso y eterno reino, por lo que hay un límite a lo que puedo meter la pata. Pero con estos discípulos era diferente. ¡Eran doce! Estos muchachos eran el liderazgo del éxito o el fracaso de la iglesia. Si fracasaban, Jesús habría muerto en vano. Pero, aquí los vemos compitiendo entre ellos para estar primeros en la fila. Con razón Jesús estaba algo irritado.

Jesús llamó a un niño y lo hizo parar en medio de todos. Estaban en la aldea de Pedro y algunos eruditos especulan que el niño podría haber sido alguien de la familia de Pedro. La mayoría de mis feligreses se criaron en un entorno con curas que no podían casarse y les sorprende cuando aprenden que Pedro, el primer papa en el mundo de ellos, era casado. Lo sabemos porque en Mateo 8.14 encontramos que Jesús sanó a la suegra de Pedro. Uno no tiene una suegra tan solo por el gusto de tenerla.

Pero estoy divagando del tema. Había un niño allí y Jesús lo usó como ilustración. «Entonces dijo: "Les digo la verdad, a menos que se aparten de sus pecados y se vuelvan como niños, nunca entrarán en el reino del cielo» (Mateo 18.3, NTV). Él pudo haber agregado: «¡Y mucho menos *dirigirlo*!».

Entonces dijo: «Así que, cualquiera que se humille como este niño, ése es el mayor en el reino de los cielos» (Mateo 18.4, RVR1960).

Todos los ojos se fijaron sobre este niño que Jesús había llamado. Cuando se les da lugar a los niños rápidamente se convierten en el centro de la atención.

De todos modos, prefiero estar con niños que con adultos. Los adultos son aburridos. Tienen que cumplir con cosas de adultos, cosas importantes que conquistar, pelear por los lugares de honor en el reino. Estoy de acuerdo con Jesús: los niños son mejores.

Jesús también dijo: «Y cualquiera que reciba en mi nombre a un niño como este, a mí me recibe» (Mateo 18.5, RVR1960). Si esto se oye como algo que ya escuchó antes, debería serlo. En el capítulo anterior, Jesús enseñó que lo que hacemos por los «más pequeños», por él lo hacemos. La grandeza es acerca de amar a los más pequeños, no excluirlos.

Marcos lo lleva aún más lejos: «Todo el que recibe de mi parte a un niño pequeño como este me recibe a mí, y todo el que me recibe, no solo me recibe a mí, sino también a mi Padre, quien me envió» (Marcos 9.37, NTV). Dar la bienvenida a los niños es como darle la bienvenida a Jesús. Darle la bienvenida a Jesús es darle la bienvenida a Dios. De la misma manera, mi hijo Collins fue Jesús para mí. Jesús es el «más pequeño» y nuestro servicio a los más pequeños, sin importar cual sea su edad, género, raza, estado de encarcelación o condición económica, nos trasforma. Afecta el *splagjnon* de nuestras entrañas, nuestros ojos y por último nuestro corazón.

Es difícil que podamos imaginar lo poco que los niños eran respetados en los días de Jesús. La iglesia del primer siglo llegó a ser conocida como una comunidad que cuidaba muy bien a los niños de una manera única y excepcional, porque entendieron lo que Jesús enseñó al respecto.

Arístides contándole al emperador romano Adriano sobre los cristianos del primer siglo le dijo:

Se aman unos a otros. Nunca fallan en ayudar a las viudas; salvaguardan a los huérfanos de los que buscan dañarlos. Si tienen algo lo dan libremente al hombre que no tiene nada; si ven a un extraño, lo reciben en casa, y están muy felices, como si fuera un hermano de verdad. No se consideran hermanos según la carne, sino hermanos según el Espíritu, en Dios.[2]

Obviamente, aprendieron del enojo de Jesús. Cabe esperar que nosotros también.

John Ortberg nos da un mayor trasfondo acerca del impacto de la actitud de Jesús con los niños en su excelente libro *¿Quién es este hombre?* En el señala el gran contraste entre «Herodes el Grande» y «Jesús, el niño»:

> Un nuevo tiempo había llegado con Jesús; una época en la que la mentalidad con respecto a los reyes y a los niños empezaría a cambiar. Se podría decir que en el pesebre, recostada junto al niño, había aparecido una nueva concepción. Se trataba de una idea que había estado mayormente confinada a un diminuto país llamado Israel, pero que aguardaba el momento propicio para salir gateando hacia un mundo más amplio, una idea que el mundo sería incapaz de resistir.
>
> Todos los pueblos del mundo antiguo tenían dioses. A los dioses de cada lugar se les daban nombres diferentes, pero todos los pueblos compartían una manera jerárquica de ordenar la vida. En la cúspide de la creación estaban los dioses; debajo de ellos se encontraba el rey. Bajo el rey había miembros de la corte y sacerdotes, que se sometían al rey. Debajo de ellos se ubicaban los artesanos, mercaderes y obreros, y bajo ellos se hallaba el grupo numeroso de los campesinos y esclavos, la hez de la humanidad…
>
> Eso marcaba la brecha vigente entre la dignidad de unos y otros. Cuantos más escalones abajo uno se encontrara en esa escalera, más amplia resultaba la distancia.

Sin embargo, la idea subyacente allí, en ese pesebre, era una concepción que Israel había guardado por siglos: *Hay solo un Dios. Él es bueno; y todo ser humano ha sido hecho a su imagen.*[3]

Charles Dickens también escribió en *Un cuento de Navidad*, «Es buena cosa volverse niños algunas veces, y nunca mejor que en Navidad, cuando se hizo Niño el Fundador todopoderoso».[4]

Cuando el mesías vino en forma de niño, cambió todo el cuadro de calificación para lo que significaba ser grande, especialmente cuando consideramos que el bebé fue humillado hasta el punto de ser ejecutado sobre una cruz (Filipenses 2.5-11).

Una de las cosas más descabelladas que él dijo

Todo esto sirve de telón de fondo para una de las cosas más descabelladas que haya dicho Jesús. Es tan extraño y fuera de lugar que debe ser muy importante. No hay manera de que los escritores de los evangelios hayan escuchado mal lo siguiente:

Pero, si alguien hace pecar a uno de estos pequeños que creen en mí, más le valdría que le colgaran al cuello una gran piedra de molino y lo hundieran en lo profundo del mar. (Mateo 18.6)

¿Eh? ¿Eso fue lo que dijo Jesús? No puedo escuchar esa frase saliendo de la boca de Jesús sin pensar que lo haya dicho con un leve acento mafioso, ¿y usted? Fue como si les hubiera dicho: «Estarán durmiendo con los peces», o «Saluden a mi amiguito».

Permítame aclarar algo, en el caso de que esté pensando que tal vez sea una de esas cuestiones para interpretar, que quizás la piedra de molino a la que Jesús se refirió podría ser una joya elegante que se usaba en un collar. Las piedras de molino eran tan pesadas que hacía falta un animal para poder moverla con una palanca. Usted escuchó bien la primera vez. En tiempos pasados esta era una horrible forma de pena capital. La gente que escuchaba a Jesús lo hubiera oído hoy como si dijera: «les sería mejor la silla eléctrica». Jesús no está amenazando con electrocutarle; solo está diciendo que le valdría más. Esto es algo serio.

La advertencia arriba acerca de la piedra de molino está en Mateo, Marcos 9.42 y Lucas 17.2. Por lo que sabemos con certeza que esto debe haber causado gran impresión en los discípulos. No fue una declaración que hubiera sido fácil de olvidar por nadie, mucho menos del rabino que enseñó que los mandamientos más importantes eran acerca del amor, de ofrecer la otra mejilla y orar por nuestros enemigos. Ese fue un momento para soltar el micrófono. Me imagino como los discípulos se miraban entre ellos perplejos, como diciendo: «¿Qué dijo?». Las cosas se ponen mejor.

Marcos registra que unos días después: «Empezaron a llevarle niños a Jesús para que los tocara, pero los discípulos reprendían a quienes los llevaban. Cuando Jesús se dio cuenta, se indignó» (Marcos 10.13, 14). ¡Se enojó!

Considerando esta información de trasfondo yo creo que el próximo versículo lo dijo gritando: «Dejen que los niños vengan a mí, y no se lo impidan, porque el reino de Dios es de quienes son como ellos» (Marcos 10.14). Siempre me imaginé que esta declaración se pronunció con la voz que uno usa cuando intenta que un cachorrito no tenga miedo de uno. Puedo imaginarme a Jesús en cuclillas animando a que los niños se acerquen, diciendo en un tono más alto: «Pedro y Juan, está bien. Déjenlos pasar. Ah, chicos vengan aquí, está bien».

Pero con la perspectiva más amplia que acabamos de discutir esto cambia las cosas. ¡Yo creo que estaba gritando! Me sorprende que todos los niños no hayan salido corriendo para esconderse. Yo creo que «dejen que los niños vengan a mí» se lo dijo a los discípulos, como diciendo: «¿Qué parte de "cuando reciben a los niños, me reciben a mí" no entendieron? ¡No me hagan ir a buscar la piedra de molino!».

Esta fue una de las pocas veces que Jesús se enojó con su propio equipo; generalmente estaba enojado con los líderes de la iglesia de su época. Todo se resume al mismo asunto central: negar el acceso al amor del Padre. Esto enojó (indignó) a Jesús.

Estoy seguro de que los discípulos tenían buenas intenciones. Para ser justos, a los niños no se les permitía convertirse en estudiantes de un rabí hasta cierta edad, y el texto parece indicar que estos niños no tenían suficiente edad para la escuela. Por lo que tiene sentido de que los discípulos hayan asumido que al estar con ellos Jesús estaría perdiendo el tiempo. Además, también sabían que los niños pueden ser una distracción y que Jesús estaba en medio de un momento importante en la enseñanza.

Nota al margen: Es posible que Jesús haya tenido hiperactividad. Lea el Sermón del monte. Empezó: «Así es como deben orar. Deben ofrendar de esta manera. No se preocupen por las cosas. ¿Alguien dijo algo acerca del divorcio? Bueno, estrecha es la puerta». Es decir, ¡Jesús hablaba de todo!

¿De qué estábamos hablando? Ah, sí, sobre las distracciones: los niños. Jesús les estaba enseñando a los adultos importantes y los discípulos no querían que los pequeños se interpongan. Fue entonces que Jesús se enojó. Para hacer énfasis de la manera más clara posible, agregó refuerzos sobrenaturales: «Miren que no menosprecien a uno de estos pequeños. Porque les digo que en el cielo los ángeles de ellos contemplan siempre el rostro de mi Padre celestial» (Mateo 18.10).

Jesús nos está diciendo que hay algo muy especial en los niños, que los ángeles en el cielo no los ven a ellos (los niños), sino que miran el rostro de Dios. Él ya nos dijo que cuando los recibimos, recibimos a Dios (Marcos 9.37). Cuando agregamos esto a lo que dijo en Mateo 25.40 acerca de «el más pequeño de mis hermanos y hermanas», creo que podemos decir que Jesús se identificaba fácilmente con aquellos que no podían cuidar de sí mismos.

En mi primer libro, *Life on Mission* [Una vida con una misión], cité la escritura acerca de atar una gran piedra alrededor de su cuello y lanzarla al mar, para señalar cuánto más debemos hacer para cuidar a los niños del mundo, y lo hacemos. Los niños no deberían tener hambre, estar enfermos, ni ser lastimados de ninguna manera. Estoy contento de que existen redes para los trampolines, yo quisiera poner una alrededor de todos los niños del mundo. Pero la frase usada por Jesús cuando dijo que no se lo impidan, usualmente se traduce como «hacer pecar». Esto va mucho más profundo del hecho de que tengan para comer y un lugar para dormir. La palabra griega traducida como *impedir* es *skandalizó*, la cual significa «poner una trampa (en el camino), para hacer tropezar, ofender».

El Papa Benedicto XVI citó correctamente este pasaje cuando lo usó para confrontar los atroces actos de violencia y abuso contra los niños, especialmente por aquellos a cargo de su cuidado espiritual. Yo creo que los abusadores de niños, de cualquier tipo, deberían ser castigados en la máxima medida y jamás se les debe permitir que vuelvan a tener otra oportunidad para hacerlo. Yo conozco la expresión «La gente herida hiere», y estos abusadores probablemente en su pasado fueron abusados de alguna manera. Pero alguien debe detener el ciclo.

No obstante, a lo que Jesús se refería es la cuestión más profunda, el alma del niño. Este «hacer pecar» no se trata solo de si estos niños están desnudos, hambrientos o enfermos. Tampoco acerca de lo que las personas perversas hacen al cuerpo de los niños. Se trata del alma eterna de los niños. No sé qué le parece a usted, pero yo estoy pensando que, si este es un asunto candente para Jesús, deberíamos verlo desde una perspectiva más profunda. ¿Qué estamos haciendo para alentar a que los niños se conecten con el Padre celestial? Debemos ser cuidadosos de no hacer algo que pueda dañar la fe del niño en el Dios digno de confianza, siendo un guardián indigno de confianza. Sea cuidadoso de no ser la persona que causa que el niño se haga cínico.

Jesús ve la fe inocente del niño como algo totalmente válido y digno de proteger. Así que tenemos que hacer todo lo que podemos para ayudar a la siguiente generación en su viaje de fe. Por supuesto, tenemos que darles de comer, vestirlos y educarlos, pero no podemos ser indiferentes en cuanto a su fe. Honestamente, esta es una de las razones por las que escribo este libro. Nosotros, la iglesia, ¡tenemos que hacer esto bien! Debemos asegurarnos de no estar impidiendo que se acerquen a Jesús, y por tanto el acceso a Dios. No hay nada más importante que esto. Jesús dijo que estaríamos mejor atando una gran piedra a nuestro cuello y ser lanzados al mar si alguna vez nos interpusiéramos en su camino.

¿Me permite señalar una vez más el versículo que todos deberíamos tomar en serio? «Dejen que los niños vengan a mí, y no se lo impidan, porque el reino de Dios es de quienes son como ellos» (Marcos 10.14).

¿Cuándo comienza la convicción?

Jesús dijo: «Así también, el Padre de ustedes que está en el cielo no quiere que se pierda ninguno de estos pequeños» (Mateo 18.14). Entonces, quiero hacer una pregunta. ¿Cuándo una persona tiene la edad suficiente para tener fe en Dios? ¿Cómo comienza? ¿Cuándo podríamos estar en peligro de la ira de Jesús por impedir el acceso a los niños?

Creo que cuando los directores del ministerio de niños se enteren acerca de este libro querrán al menos comprar un ejemplar. Las estadísticas dicen que la gran mayoría de las personas que deciden seguir a Jesús lo hacen antes de los dieciocho años, así que no sé cómo es que usted no toma esa estadística, la mezcla con una guarnición de piedra de molino, y obtiene un ministerio espectacular de niños. No hay que pensarlo mucho. Entréguele un ejemplar de este libro a su pastor con un marcador colocado en este capítulo y dígale: «Le haré una oferta que no podrá rechazar».

Pero hay un nivel más profundo de conversación que debemos tener sobre este asunto. Si usted es como yo, probablemente lo aprendió por el camino, en algún lugar de su subconsciente, la fe es algo que usted es capaz de poseer a medida que se acerca a la edad adulta. Si usted ha estudiado teología seriamente en cualquier momento de su viaje de fe, o se ha enfrentado a preguntas que no ha podido responder, o pasado por una temporada de oscuridad y luchado con Dios, quizás al mirar a un niño usted piense, *¡No hay forma de que pueda comprender esto!*

Y por supuesto que usted tendría razón. Lo cual también forma parte del punto que hace Jesús. ¿Acaso Jesús nos dice que los niños deben ser más como los adultos? No. Él dijo: «Por tanto, el que se humilla como este niño será el más grande en el reino de los cielos» (Mateo 18.4). Por cierto, es improbable que los estudiantes de la escuela primaria se pongan a discutir escatología (los eventos del fin). Yo creo que Jesús conoce nuestra tendencia adulta de distraernos profundamente del punto principal y nos está dirigiendo hacia la fe más sencilla de la niñez.

Escuche y aprenda todo lo que pueda. Me alegra que haya obtenido este libro y espero que se enamore más de Jesús. También espero que obtenga muchos libros más por el camino. Así es, aprenda todo lo que pueda. ¡Solo que no se distraiga de lo central de las buenas nuevas, lo cual es que Dios le ama tanto que murió por usted! Él ama a su vecino que piensa diferente a usted acerca de la predestinación. También ama a su compañero de trabajo que votó de manera diferente que usted. Él ama a esa otra persona de otra raza, otra denominación, otra generación, etc. ¿Sabe que es una locura? Los niños lo entienden. Lo entienden mejor que los adultos. Como dijo Jesús: «Les aseguro que a menos que ustedes cambien y se vuelvan como niños, no entrarán en el reino de los cielos» (Mateo 18.3).

Jesús no solo está desacreditando la idea de que los niños no entienden acerca de Dios y la fe, en verdad nos está diciendo que los niños entienden mejor a Dios que los adultos y «a menos que cambiemos y nos volvamos como niños», *nunca entraremos en el reino*.

Las preguntas con las cuales luchamos… y los niños no

Hay muchas implicaciones en esta instancia en que Jesús se enojó, su afirmación radical generalizada sobre el reino y nuestra fe, y como debe verse todo. Pero no creo que esto sea una afrenta a la teología profunda.

A medida que envejecemos y crecemos hacia la madurez, luchando con las preguntas difíciles y las temporadas oscuras, esperamos desarrollar un amor más profundo por Dios y un entendimiento más claro de su carácter. Pero nunca nos permitamos pensar que lo sabemos todo y así perder aquella confianza original e inocente. No aceptemos la mentira del mundo de que el cinismo es sabiduría. No nos quedemos atrapados trepando esa torre olvidándonos de que no tenemos que subir a Dios, porque Jesús descendió a nosotros.

> No nos quedemos atrapados trepando esa torre olvidándonos de que no tenemos que subir a Dios, porque Jesús descendió a nosotros.

Mi amigo Casey Tygrett habla sobre la práctica de hacer preguntas para evitar convertirse cínico en su libro, *Becoming Curious* [Volverse curioso]. Los niños hacen cerca de cuatrocientas preguntas al día, porque saben que no saben. Están tratando de entender el mundo en que viven. Pero nosotros perdemos esta curiosidad a lo largo de la vida porque se nos enseña que hacer preguntas demuestra que no tenemos todo bajo control.

Cuando nos creemos que tenemos todo bajo control estamos en mal estado, así como hicieron los líderes de la iglesia. Anteriormente me divertí con la teología del fin de los tiempos; es una de mis frustraciones más grandes con los cristianos adultos. Muchas personas pasan tanto tiempo tratando de entender algo que Jesús mismo nos aseguró que nunca sabremos. Mientras estuvo en la tierra llegó a decir que ni él sabía cuándo sucedería (Marcos13.32). Es importante entender cómo termina nuestra historia, pero hay muchas personas que están colando mosquitos y tragándose camellos escatológicos.

Pero regresemos al tema por un minuto. Quizás nos ayude a entender mejor la advertencia de Jesús «a menos que ustedes cambien y se vuelvan como niños». Los niños podrían ser las únicas personas verdaderamente preparadas para tener la perspectiva correcta de Apocalipsis: Jesús cabalga en su caballo volador y hay una gran batalla, ¡pero entonces mata al dragón con su espada y ganan los buenos! ¿Cierto? Ahí está. Finalizado.

Neil Gaiman, en su libro *Coraline*, hace una paráfrasis de G. K. Chesterton de esta manera: «Los cuentos de hadas superan la realidad no porque nos digan que los dragones existen, sino porque nos dicen que pueden ser vencidos».[5] Todos los niños saben que se supone que un cuento tiene un final feliz. ¿Por qué? ¿Por qué les gusta tanto a los niños los cuentos de hadas? Porque Dios lo escribió en nuestro corazón. Nacimos sabiendo que nuestro príncipe vendrá de verdad, que algún día habrá una boda gloriosa y que el dragón será matado. Pero en algún lugar del camino nos hemos convencido a nosotros mismos que era demasiado bueno para ser verdad. La vida nos golpeó y nos olvidamos de tener la esperanza de un final feliz. Esto es, hasta que llegó Jesús para recordarnos. Los niños han entendido correctamente.

Me encanta la traducción de Eugene Peterson de Colosenses 1.28 «Enseñamos en el espíritu de un profundo sentido común para que podamos llevar a cada persona a la madurez. Ser maduro es ser básico. ¡Cristo! Nada más, nada menos» [El Mensaje]. Si vamos a tomarle la palabra a Pablo, deberíamos discutir menos acerca de qué líder mundial podría ser el anticristo y pasar más tiempo amando a otros y ser curiosos.

Hasta el momento, he sido bastante crítico con la iglesia y espero que no malentienda mi intención. Yo creo que hoy tenemos la oportunidad más grande que jamás hemos tenido para avanzar el reino por medio de la iglesia. Si entendemos lo que debemos hacer estamos en una posición para hacer un impacto. Yo creo que a Jesús le encanta lo lejos que hemos llegado y mucho de lo que se hace en su nombre alrededor del mundo hoy.

Si interpretamos el comentario de Jesús acerca de la piedra de molino, y su indignación ante el acceso bloqueado a «los más pequeños», sean los niños, los desnudos, los hambrientos, o los enfermos, permítame compartirle una historia que lo presenta todo de buena manera. Es una historia de fútbol americano, en Texas. Si no entiende el significado de esa introducción, pregúntele a alguien. El fútbol es un dios, con una *d* minúscula, en algunos estados, de los cuales Texas es uno de ellos. Esta es una historia acerca de tomar a Jesús en serio en cuanto a todo lo que hemos estado tratando en los capítulos anteriores. Empecemos.[6]

Grapevine Faith Baptist es una escuela cristiana privada de preparatoria. Un año, hicieron un acuerdo de jugar fútbol contra Gainesville State School, un centro correccional para delincuentes juveniles. Kris Hogan, el entrenador de Faith team, tuvo una idea radical sobre cómo darle una oportunidad para que los estudiantes vengan a Jesús. Faith siempre tuvo un buen programa de fútbol, iban marcando 7-2 en el partido. Tenían dinero, equipo, entrenadores y padres que los apoyaban. Gainesville iba 0-8. Trabajar en un centro penitenciario no es el sueño de los entrenadores. Además, tenían pocos recursos y los chicos iban y venían dependiendo de cómo fueran sus sentencias. A decir verdad, no es probable que muchos de estos chicos tuvieran padres que los apoyaran en la tribuna.

El entrenador Hogan y su equipo dispusieron de antemano su plan con las familias y los aficionados del fútbol. Pidió a la mitad de los concurrentes que por esa noche vayan del otro lado de la tribuna para hacer de hinchada del equipo contrario. Esto fue lo que les escribió a los aficionados:

> Este es el mensaje que quiero que ustedes comuniquen a los chicos de Gainesville: ustedes son tan valiosos como cualquier otra persona sobre el planeta Tierra.

Cuando uno de sus jugadores preguntó porqué tenían que hacer esto, él le respondió:

> Imagínense si ustedes no tuvieran una vida hogareña. Imagínense si todos los hubieran abandonado. Ahora imagínense que significaría que cientos de personas de repente crean en ustedes.

Todo empezó cuando la mitad de los hinchas del equipo Faith formaron una línea, por la que sus oponentes debían pasar corriendo mientras ellos los alentaban. Al final de la línea habían colocado un gran cartel de papel, con el nombre de su equipo, para que lo atravesaran corriendo. Estos hinchas lo hicieron todo con mucha energía; hasta sabían los nombres de cada uno de los jugadores.

«Jamás en mi vida pensé que escucharía a gente alentándonos para que golpeemos a sus hijos», recuerda Isaiah, el mariscal de campo.

«Yo pensé que estaban confundidos», dijo Alex, el defensor de línea. «Empezaron a gritar: "¡De-fen-sa!" cuando el equipo de ellos tenía la pelota. Yo dije: "¿Qué? ¿Por qué nos están alentando?"».

«Nos damos cuenta de que la gente nos tiene un poco de miedo cuando se trata de los partidos», dijo Gerald, un defensor de línea con una sentencia de tres años. «Uno puede verlo en sus ojos. Nos están mirando como si fuéramos criminales. ¡Pero esta gente hacía de hinchada a nuestro favor! ¡Aclamando nuestros nombres!».

Como se esperaba, los Lions igual ganaron fácilmente el partido. Los entrenadores texanos pueden ser amables, pero no tan amables como para *perder* el partido. Aun así, los chicos de Gainesville estaban tan contentos de que le dieron a *su* entrenador principal, Mark Williams, una ducha de Gatorade.

Después del partido, Faith y Gainesville se reunieron en el campo para orar. Esto parece que lo hubiera hecho muy feliz a Jesús. Isaiah de Gainesville sorprendió a todos cuando se ofreció de voluntario para dirigir la oración. El entrenador Hogan recuerda que no tenía idea de lo que iba a decir. Isaiah oró: «Señor, no sé cómo pasó esto, así que no sé cómo darte las gracias. Pero nunca me hubiera imaginado que tanta gente en el mundo se interesara por nosotros».

El reportero que cubrió esto para ESPN dijo: «Y fue bueno que todos inclinaran las cabezas, porque podrían haber visto a Hogan secarse las lágrimas».

Mientras los jóvenes regresaban al autobús escoltados por los guardias, la comunidad de Faith le entregó a cada uno una bolsa para el viaje con bocadillos, una Biblia y una carta personal de aliento de parte de un jugador de Faith. Más tarde, cuando el entrenador Williams tuvo un momento con el entrenador Hogan, puso su mano sobre sus hombros y le dijo: «No te imaginas lo que tu gente hizo esta noche por estos chicos. No te imaginas».

Jesús lo sabía. Y se lo dijo a sus discípulos hace más de dos mil años.

CAPÍTULO 13

CUANDO LAS PERSONAS EGOÍSTAS Y SIN GOZO OBSTACULIZAN EL CAMINO

Perro viejo, trucos viejos

> *Mientras tanto, el hijo mayor estaba en el campo. Al volver,*
> *cuando se acercó a la casa, oyó la música del baile.*
>
> (Lucas 15.25)

CALIFICO PARA EL DESCUENTO de personas mayores del restaurante IHOP. Hace bastante tiempo que me están enviando solicitudes de AARP. He sido abuelo cuatro veces, y el quinto está en camino, ¡y estoy orgulloso de serlo! Le dedico este libro a mis nietos y espero que la generación de ellos entienda a Jesús mejor que cualquiera de nosotros hoy.

Hay algunas ventajas de ser mayor. Las bodas y las universidades están pagas. Tengo más sabiduría. Los nietos son súper divertidos. Pero también hay algunas desventajas. Los achaques. Idas al baño en el medio de la noche. La necesidad de un corta pelos nasal.

Me encanta la historia de dos caballeros ancianos que un día estaban hablando sobre los restaurantes mientras sus esposas estaban en otra habitación. Uno de ellos dice: «La semana pasada comimos en un lugar espectacular. No me puedo acordar cómo se llama el lugar. ¿Cómo se llama esa flor que huele bonito y tiene espinas?».

El otro le responde: «¿Te refieres a la rosa?».

El primer hombre dice: «Sí, esa es». Entonces grita hacia la otra habitación: «Rosa, ¿cómo se llama el restaurante que fuimos a comer la semana pasada?».

A medida que envejecemos, no solo que perdemos la memoria, el cabello y el control de nuestras funciones, sino que también nos acostumbramos a nuestra manera de hacer las cosas. El viejo refrán «un perro viejo no aprende trucos nuevos» en verdad no es acerca de la habilidad del perro, sino de su actitud. Una vez que un perro viejo se acostumbró a hacer las cosas de una manera es muy difícil que aprenda cosas nuevas. Me alegra que esto no es verdad para los seres humanos.

La parábola del hijo pródigo me resulta fascinante. Generalmente la llamamos así porque todos podemos identificarnos con el pródigo, el hijo descarriado. Yo lo veo así. Sin embargo, el aparente chico malo no es el verdadero chico malo de la historia. El verdadero chico malo es el hermano mayor del hijo pródigo. Pero Jesús utilizó el ejemplo de la rebelión del pródigo para impactar a su público con la gracia de un padre asombroso. Por cierto, esta historia no es acerca del hijo sino del Padre; es acerca de Dios y el amor que tiene por sus hijos.

Jesús contó esta historia en respuesta a la murmuración de los fariseos:

Muchos recaudadores de impuestos y pecadores se acercaban a Jesús para oírlo, de modo que los fariseos y los maestros de la ley se pusieron a murmurar: «Este hombre recibe a los pecadores y come con ellos». (Lucas 15.1, 2)

En realidad, les contó tres historias. Pero está fue el punto clave:

Un hombre tenía dos hijos —continuó Jesús—. El menor de ellos le dijo a su padre: «Papá, dame lo que me toca de la herencia». Así que el padre repartió sus bienes entre los dos. Poco después el hijo menor juntó todo lo que tenía y se fue a un país lejano; allí vivió desenfrenadamente y derrochó su herencia. Cuando ya lo había gastado todo, sobrevino una gran escasez en la región, y él comenzó a pasar necesidad. Así que fue y consiguió empleo con un ciudadano de aquel país, quien lo mandó a sus campos a cuidar cerdos. Tanta hambre tenía que hubiera querido llenarse el estómago con la comida que daban a los cerdos, pero aun así nadie le daba nada.

Por fin recapacitó y se dijo: «¡Cuántos jornaleros de mi padre tienen comida de sobra, y yo aquí me muero de hambre! Tengo que volver a mi padre y decirle: Papá, he pecado contra el cielo y contra ti. Ya no merezco que se me llame tu hijo; trátame como si fuera uno de tus jornaleros». Así que emprendió el viaje y se fue a su padre. Todavía estaba lejos cuando su padre lo vio y se compadeció de él; salió corriendo a su encuentro, lo abrazó y lo besó. El joven le dijo: «Papá, he pecado contra el cielo y contra ti. Ya no merezco que se me llame tu hijo». Pero el padre ordenó a sus siervos: «¡Pronto! Traigan la mejor ropa para vestirlo. Pónganle también un anillo en el dedo y sandalias en los pies. Traigan el ternero más gordo y mátenlo para celebrar un banquete. Porque este hijo mío estaba muerto, pero ahora ha

vuelto a la vida; se había perdido, pero ya lo hemos encontrado».
Así que empezaron a hacer fiesta. (Lucas 15.11-24)

Obviamente, el padre es el perro sabio de la historia, pero no
tiene la actitud de un perro viejo. En este caso, el rígido, era el
hijo mayor.

Debo hacer una pausa aquí y decir que, como padre, toda esta
historia quebranta mi corazón de muchas maneras. En primer
lugar, quebranta mi corazón porque el padre perdió a su hijo menor. Me quebranta el corazón de que el hijo pródigo tenía mucho
amor en el hogar, pero aun así sintió la necesidad de buscar algo
mejor. Tristemente, sé que esto es lo que pasa muchas veces; así
es como funciona la libertad de elección. Pero lo que realmente
quebranta mi corazón es lo que vivió el padre, y por eso mi corazón se quebranta por Dios.

Después de enseñar sobre esto, que ha sido mi historia predilecta por tantos años, me comencé a preguntar: ¿No será qué el
hermano menor se fue *a causa* del hermano mayor?

Indignado, el hermano mayor se negó a entrar. Así que su padre salió a suplicarle que lo hiciera. Pero él le contestó: «¡Fíjate
cuántos años te he *servido* sin desobedecer jamás tus *órdenes*,
y ni un cabrito me has dado para celebrar una fiesta con mis
amigos!». (Lucas 15.28, 29, énfasis añadido)

¿Obedeciéndote? ¿Servido? ¿Es esa la manera que ve su vida?
¿Nunca tuvo una fiesta? Note que el hijo mayor no tuvo ningún
respeto al dirigirse a su padre. Y aun así la reacción del padre a
este hijo fue la misma que tuvo con el menor: paso por alto la
ofensa.

Hijo mío —le dijo su padre—, tú siempre estás conmigo, y todo
lo que tengo es tuyo. (Lucas 15.31)

Su respuesta fue «hijo mío», a pesar de que su hijo no se dirigió a él diciendo «papá». Generalmente, en el griego la palabra
para *hijo* es *huios*, pero aquí Jesús usa *teknon*, que es la palabra que
se usa para niño. Es una palabra muy tierna. Este era un padre
asombrosamente bueno.

El problema no era el padre. Piense conmigo. Si usted tuviera un
hermano mayor con la actitud de que estar en casa es algo terrible
y que nunca puede divertirse, ¿no influiría también en su actitud?
Si su hermano mayor pensara que el hogar es una esclavitud glo-
rificada, ¿no querría salir huyendo de allí? ¿Conoce a personas así?
Quizás trabaje con ellas, o estén en su familia. Había un antiguo
sketch que hizo *Saturday Night Live* con Doug y Wendy Whiner,
que podían convertir el mejor día en una ruina. Si ellos hubieran
sido sus hermanos, tal vez usted también hubiera querido huir.

Eso es lo que me da tristeza por el padre. De todo lo que pude
deducir en esta historia, él fue completamente mal interpretado
por el hermano mayor. Puedo imaginarme al padre diciéndole a
su hijo mayor: «¡¿Quién dijo que no podías tener una fiesta?! Ve,
toma un cabrito. Asa un ternero en la parrilla. Invita a tus amigos.
¿Alguna vez has tenido amigos?».

Si en alguna manera usted ha sido parte del reino de Dios y
decidió irse, ¿conoció usted al Dios verdadero de quien se alejó?
¿O será que está dejando la interpretación de un Dios esclaviza-
dor, tirano y aguafiestas que su hermano le persuadió?

Uno de mis amigos me dijo que cuando era niño y la gente
le hablaba para que se hiciera cristiano, le decían lo maravilloso
que iba a ser:

No obstante, una vez que me hice cristiano las cosas parecen haber cambiado, porque todo era acerca de lo que no debía hacer, en vez de ayudarme a entender la razón para qué vivir.

Hice una lista breve de todas las cosas que no se debían hacer: bailar, tomar, ir a las graduaciones, nadar con el sexo opuesto, besar, fumar, dejarse el cabello largo, reírse o hacer chistes en la iglesia y, por supuesto, escuchar música *rock*. Recuerdo que el punto de convergencia con las iglesias del área era cuando se unían para boicotear a Pizza Hut porque servían cerveza, y un buen cristiano jamás sería sorprendido en un restaurante que servía cerveza.

Sin embargo, el boicot no duró mucho tiempo debido que hasta los cristianos más rígidos y legalistas les encanta la pizza y la compraban para llevar. La iban a buscar y la escondían en una bolsa de papel marrón.[1]

Con este legalismo carente de gozo vivía el hijo mayor de esta historia. Mire las palabras que dijo a su padre: «¡Pero ahora llega ese hijo tuyo, que ha despilfarrado tu fortuna con prostitutas, y tú mandas matar en su honor el ternero más gordo!» (Lucas 15.30).

¿Quién dijo algo acerca de prostitutas? La palabra *prostituta* en este caso puede significar una mujer que se vende a sí misma, o una chica fiestera. O puede significar que es «tan fácil como la mañana del domingo». Esta es mi pregunta: ¿Cómo sabe el hermano mayor que su hermano menor había estado con chicas salvajes? Todavía no habló con él. No tiene idea de los lugares por donde él anduvo. Y no es como que lo siguió por las redes sociales en internet y vio los selfis de cuando estuvo ebrio.

Quizás estoy analizando demasiado la situación porque asumiría la misma cosa. Pero esto me hace pensar si el celo del hermano mayor, de alguna manera, iba más allá de la fiesta de bienvenida a la casa. También recuerde que Jesús está contando esta historia a los líderes anti-fiestas de la iglesia, que estaban enojados con él porque era amigo de las «prostitutas».

No tengo ningún problema en creer que parte del problema que tenía el hermano mayor era el despilfarro de los recursos del padre y el comportamiento insensato que llevaron al hermano menor a alimentarse con la comida de los cerdos. Jesús puntualizaba que el comportamiento del hermano menor era obviamente inapropiado. Es decir, les está contando esta historia a los judíos, y los cerdos no son *kosher*, formaban parte de la lista de los animales inmundos del Antiguo Testamento.

Sin embargo, el desperdicio, la falta de respeto y la contaminación del cerdo no parecen ser problema para el hermano mayor. La esencia del problema parece ser que él se tuvo que quedar en la casa sirviendo, y que deseaba haber podido tener la oportunidad de pasar al menos un fin de semana en Las Vegas.

Repito, no estoy aprobando el comportamiento del hermano menor. Permítame repetirle una y otra vez que es mucho mejor no tomar decisiones insensatas que conducen a los cerdos. El asunto es que, aunque usted haya acabado con los cerdos, o si acaba con ellos, el mejor lugar adonde regresar es la casa; así como lo descubrió el hijo menor. Esta es la increíble paradoja de la historia. He hablado con tantas personas que desearían no haberse ido nunca de su casa en primer lugar.

¿Pero cómo convence a su hermano mayor de este hecho? Que usted cometió un error y que luego se dio cuenta de que el mejor lugar para estar era su casa. Él tuvo el mismo padre que usted y los dos extrañaron el amor misericordioso de su padre.

Bob George lo dice de esta manera:

Cuando los cristianos están viviendo bajo la ley, los resultados son los mismos de siempre. Y no importa si usted está tratando de vivir de acuerdo con las leyes divinas, leyes hechas por hombres, o normas que usted mismo se ha impuesto. El resultado será el temor, la culpa, la frustración, y sentimientos de condenación. Experimentará una falta de capacidad para amar a Dios y al hombre. ¿Cómo puede usted amar a Dios a quien está tratando de agradar pero que nunca puede lograrlo? Y cuando continúa experimentando culpa y condenación, ¿cómo puede ser bondadoso y perdonar a otras personas? Cuando ellos aparentan estar bien, los envidia. Si fracasan, los juzga. Después de todo, ¿por qué *te* he de dejar quieto cuando Dios me está martillando cada vez que fallo? Así se piensa bajo la ley.[2]

Muchos grupos de cristianos han decidido vivir una relación con Dios que no admite fiestas. Lo primero que viene a mi mente son los Amish, ellos tienen una tradición llamada *Rumspringa*, que literalmente significa un tiempo para andar «corriendo alrededor».

Cuando un niño Amish llega a la adolescencia, se le da varios años para que corra alrededor sin ser Amish, lo cual parece más descabellado de lo que es. No se les alienta a que vivan locamente, como algunos han dicho. La mayoría aún viven en la casa de sus padres y hacen cosas en grupos de jóvenes organizados. Algunos de los chicos instalan equipos de sonido en sus carruajes (en serio, es lo que hacen). Aunque sea una sola vez me gustaría escuchar Wiz Khalifa a todo volumen de un carruaje de los Amish. Pero principalmente es una experiencia de crecimiento personal que les da la oportunidad de decidir por sí mismos si quieren permanecer en la iglesia.

Tengo mucho respeto por esta comunidad y sus tradiciones de piedad. Es solo que no puedo evitar pensar que la relación que tienen con su padre celestial debe sentirse áspera. Si ellos ven la necesidad de permitir que sus hijos se aparten de su estilo de vida, por un tiempo, antes de decidir si realmente quieren aceptarlo por el resto de su vida, les debe ser una carga o al menos algo limitante.

Cualquiera sea el caso, el punto es que, si toda su relación con el Padre celestial es acerca de las cosas que usted debe dejar de hacer, aquellas cosas que no puede hacer, entonces será mejor que tome una decisión *muy bien* informada acerca de su futuro. Los Amish son un ejemplo extremo, pero francamente esa es la misma razón por la cual tantos jóvenes cristianos se apartan de la fe. Para ellos no hay un Rumspringa oficial; solo se van. Qué triste debe ser para Papá.

Aquí hay otro enfoque. ¿Y si no tuviera que irse del todo? ¿Y qué si usted pudiera vivir con el anillo, la mejor ropa, el asado y la fiesta en casa con Papá? ¿Y qué si no tuviera usted que pasar por el infierno para entender que el cielo era el mejor lugar donde estar, y que lo tenía delante suyo?

Francamente, la mejor descripción que he escuchado de «religión» es esta: sirviendo, obedeciendo órdenes y sin fiestas. Ningún padre quiere que sus hijos vivan sirviendo o sin ninguna fiesta. Los buenos padres quieren que sus hijos tengan una relación de amor. Por cierto, que hay que trabajar para lograrla porque sigue habiendo expectativas y maneras correctas de pensar, actuar y vivir. El hermano menor aprendió que no hay manera de evitar esas responsabilidades. Usted puede trabajar para su Padre, para el criador de cerdos o para usted mismo, pero igual deberá trabajar, después de todo la vida tiene una realidad.

Pero ningún padre quiere que sus hijos sientan que están «sirviendo» como esclavos en su relación familiar. Ese es exactamente el punto que Jesús está tratando de hacer con los hermanos mayores a quienes les enseñaba. Dios nos ha dado la libertad. La libertad de viajar tan lejos como creamos necesario para encontrar la felicidad o la libertad para quedarnos en casa y encontrar la felicidad en el único lugar que existe de verdad.

Si toda su relación con el Padre celestial es acerca de las cosas que usted debe dejar de hacer, aquellas cosas que no puede hacer, entonces debe tomar una decisión *muy bien* informada acerca de su futuro.

Si elegimos lo primero, lo más probable es que vamos a darnos cuenta de que la casa fue el mejor lugar siempre. Jesús quiere que usted sepa que la puerta de su casa está abierta siempre. Es una pena que tantas personas no puedan descubrirlo a menos que toquen fondo (cuando ya trabajan en el criadero de cerdos).

¿Por qué será que la vida en casa con Dios pareciera algo de lo cual debemos escaparnos? Porque muchos de nosotros que vivimos con el Padre lo hacemos *parecer* como un aburrimiento. Estas son las palabras de Jesús: «Les he dicho estas cosas [la razón por la que les estoy enseñando; esto es parte de mí misión] para que se llenen de mi gozo; así es, desbordarán de gozo» (Juan 15.11, NTV).

En este versículo y en esta parábola, Jesús deja en claro que el problema con la humanidad no es que tengamos demasiado gozo y que Dios quiere que paremos; es lo opuesto. El Padre quiere que tengamos gozo, así que envió a su Hijo para hacerlo posible. Él quiere que amemos nuestro hogar y que lo veamos como el lugar más atractivo del universo.

Como padres, Denise y yo somos un nido vacío, hemos vivido así ya por un tiempo. Pero nuestro nido está *verdaderamente* vacío. Cometimos el error de permitir que nuestras hijas vean el resto del mundo mientras crecían. Sentimos que era crucial que vean cómo vive la gente en los países en desarrollo. Ver el mundo les ha dado la confianza y el ánimo para ayudar a otros, y ha cultivado su pasión para encontrar sus propios viajes con Jesús.

Pero también dio lugar a que ellas descubran que hay mejores lugares para vivir. Resulta ser que Illinois es el estado número uno... del cual la gente se está yendo. Dos de nuestras hijas están en el sur de California y la otra en Nashville. Es difícil discutir con su lógica, pero las extrañamos a todas, lo que hace que su regreso a casa sea aún más dulce. Cuando nos visitan, hacemos lo imposible para que tengan todo lo que necesitan, y todas las compras hechas (siempre existe la buena pizza; uno tiene que maximizar las fortalezas); a menudo, uso todas mis millas de viajero frecuente para traerlas de vuelta a Illinois. Aun cuando empezamos a cansarnos y estamos de acuerdo con que regresen a su paraíso, dejándonos un poco de paz y tranquilidad, nunca lo hacemos saber, porque queremos que tengan gozo estando con nosotros. Nosotros queremos que, en lo que dependa de nosotros, el gozo de ellas sea completo.

Y eso es exactamente lo que el Padre celestial quiere para nosotros.

Bloqueando el camino a casa

Vamos a volver un par de historias más atrás, a la parábola de la oveja perdida. En Lucas 15, Jesús contaba una trilogía de historias a los hermanos mayores: La parábola de la oveja perdida,

La parábola de la moneda perdida, y La parábola del hijo perdido. Los hermanos mayores eran los líderes de la iglesia que se quejaban porque Jesús cumplía con su misión, con los que él está enojado, estos son lo que están bloqueando el camino para que otros regresen a casa.

> Él entonces les contó esta parábola: «Supongamos que uno de ustedes tiene cien ovejas y pierde una de ellas. ¿No deja las noventa y nueve en el campo, y va en busca de la oveja perdida hasta encontrarla? Y, cuando la encuentra, lleno de alegría la carga en los hombros y vuelve a la casa. Al llegar, reúne a sus amigos y vecinos, y les dice: "Alégrense conmigo; ya encontré la oveja que se me había perdido". Les digo que así es también en el cielo: habrá más alegría por un solo pecador que se arrepienta que por noventa y nueve justos que no necesitan arrepentirse».
> (Lucas 15.3-7)

A la mitad de la parábola de las ovejas hay un elemento muy revelador de las ovejas que hace paralelo con la actitud del hermano mayor. ¿Lo vio? La frase es «en el campo».

Jesús no dice que el pastor dejó a las noventa y nueve en la seguridad de un corral de ovejas, ni tampoco menciona que las ovejas están en compañía de otro pastor. Se quedan solas en el campo. Están en peligro. Si el pastor se pierde o es herido, quizás tengan que valerse por sí mismas. No es el punto fuerte de las ovejas.

Como usted sabe, las ovejas son animalitos indefensos. Los conejos corren, los perros muerden, los caballos patean, los gatos arañan y los zorrinos... hacen lo suyo. Pero la oveja no puede morder, patear, arañar o esconderse debajo de la tierra. No tiene mecanismos de defensa. No tiene garras y no puede rociar con veneno mortal. Son el almuerzo de los depredadores. Esta es la razón por qué las ovejas necesitan un pastor. Muchos otros animales pueden dejarse solos por mucho tiempo, pero las ovejas necesitan cuidado y protección constante.

Irónicamente, y tan desesperadamente como las ovejas necesitan un pastor, casi nunca colaboran con él. Son animales muy rebeldes, indomables e ignorantes. Uno pensaría que estarían agradecidas con quienes las protegen, pero no es así; son como tonto y retonto. Por esa razón jamás verá una oveja bailando en un circo. Una vez tuve la oportunidad de ver en un circo a los osos rusos bailarines. Eran tan parecidos a los seres humanos que era difícil saber si eran osos de verdad o personas pequeñas adentro de un disfraz de oso. Los osos no solo pueden protegerse muy bien, *también* se les puede entrenar. ¡Los osos!

Pero las ovejas son indefensas *y* no cooperan, por ese motivo ser pastor era la ocupación más baja de todas. Nadie quiere el trabajo del pastor. Un día fatídico intenté hacerlo en un pequeño parque temático holandés en Holland, Michigan. Allí hacían velas sumergidas, tenían un zoológico de mascotas y la fabricación de quesos (bienaventurados son los queseros). Ese día, una de las ovejas ejecutó un escape muy astuto y vagaba libre por el centro comercial aledaño. Evidentemente, salió nadando por una pequeña laguna y se escapó; debe haber estado desesperada porque las ovejas odian el agua, de acuerdo con lo que me dijo el trabajador que decidí ayudar.

Unas señoras con vestidos largos y zapatos de madera y yo nos dimos cuenta de que la única manera de meter este animal de nuevo al rebaño era hacerle saltar nuevamente en el agua. Por otro lado, la pequeña chuleta de cordero ya había estado en el agua una vez, y no tenía ninguna intención de volver. Así que dondequiera que íbamos nosotros, el cordero estaba seguro de *no* ir. Cuando logramos arrinconarlo, se escurría hábilmente de nosotros y se escapaba. Era muy rápido para ser atrapado y a la vez muy lento para darse cuenta de que la vida sería mucho mejor en el corral que en una tienda de Nike.

Y fue entonces que me di cuenta. Las ovejas son tontas. Cuando Jesús dijo: «Yo soy el pastor y ustedes son las ovejas», ¡No era un cumplido! Las ovejas no entienden lo que les conviene. Por ese motivo que el pastor tiene que conducirlas a aguas tranquilas y pastos verdes, de otro modo se irán de compras.

Por tanto, esa es la razón por la que la Biblia las simboliza como personas. Isaías 53.6 dice: «Todos andábamos perdidos, como ovejas; cada uno seguía su propio camino». Y Mateo 9.36 dice que Jesús al ver a las multitudes, tuvo compasión de ellas, porque las vio como «ovejas sin pastor».

Entonces, Jesús nos contó estas tres historias en Lucas 15 y el punto esencial es: «"Alégrense conmigo; ya encontré la oveja que se me había perdido". Les digo que así es también en el cielo: habrá más alegría por un solo pecador que se arrepienta que por noventa y nueve justos que no necesitan arrepentirse» (Lucas 15.6, 7).

Jesús vino por las ovejas perdidas, y esto nunca alegrará a las otras noventa y nueve. Y probablemente nunca lo hará.

Epílogo del hermano mayor

¿Y qué pasó con el hermano mayor? ¿Cómo resultaron las cosas para las ovejas? Regresemos a la historia. ¿Recuerda dónde lo dejamos? Él estaba enojado porque su padre estaba celebrando el regreso de su hermano, siendo que nunca hizo algo así por él mientras servía en la casa. El resentimiento desbordaba de su hijo. Lo que en verdad quiso decir es: «¿Y yo qué?».

- «Mandas a matar en su honor el ternero más gordo... ¿Y yo qué?»
- «Haces una fiesta para él... ¿Y yo qué?»
- «Le das la mejor ropa... ¿Y yo qué?»

El otro cordero perdido vino quebrantado, no con orgullo; llegó a la casa con la cabeza caída, herido, sangrando, golpeado. Había estado demasiado tiempo en el centro comercial y lo que ahora necesitaba era un lugar de amor, aceptación y sanidad. Cuando regresó a la casa encontró eso con el padre, pero no con su hermano.

Permítame decir que en treinta y cinco años de trabajar en la iglesia he oído muchas veces a los hermanos mayores decir:

- «Pero me gusta de la manera que lo hacíamos antes»
- «¿Para qué queremos más gente? ¡Me gustan las cosas como están!»
- «Deberíamos cuidar más a los que ya están dentro de la iglesia». (Una vez uno de mis líderes me acusó de traer a la iglesia demasiada gente nueva).

La mentalidad del hermano mayor es el espíritu de resentimiento que dice: «¡¿Y yo qué?!».

La diferencia entre la historia del hijo perdido y la oveja perdida es que el Padre no salió a buscar a su hijo. Creo que fue así porque no habría hecho ningún bien hacerlo. En este caso, el hijo tuvo que regresar a la casa por su propia voluntad.

Pero en ambas historias la prioridad de Dios es obvia: encontrar al que está perdido.

CAPÍTULO 14

CUANDO LOS CRISTIANOS OBSTACULIZAN EL CAMINO

Usted ha sido puesto en duda como Galileo

Ustedes estudian con diligencia las Escrituras porque piensan que en ellas hallan la vida eterna. ¡Y son ellas las que dan testimonio en mi favor! Sin embargo, ustedes no quieren venir a mí para tener esa vida.

(JUAN 5.39, 40)

Después de esto, Jesús dijo a la gente y a sus discípulos: «Los maestros de la ley y los fariseos tienen la responsabilidad de interpretar a Moisés. Así que ustedes deben obedecerlos y hacer todo lo que les digan. Pero no hagan lo que hacen ellos, porque no practican lo que predican. Atan cargas pesadas y las ponen sobre la espalda de los demás, pero ellos mismos no están dispuestos a mover ni un dedo para levantarlas.

(MATEO 23.1-4)

Uno de los expertos en la ley le respondió:
    —Maestro, al hablar así nos insultas también a nosotros.

Contestó Jesús:

—¡Ay de ustedes también, expertos en la ley! Abruman
a los demás con cargas que apenas se pueden soportar, pero
ustedes mismos no levantan ni un dedo para ayudarlos.

(Lucas 11.45, 46)

¿ALGUNA VEZ HA VISTO una iglesia con un cartel en la entrada que diga «No pasar»? Yo sí. Sé que tal vez sea algo que la compañía de seguros habrá obligado poner, pero cuando lo vi pensé, *¡Ese es exactamente el problema!* En un convento de California había un cartel sobre el cerco que decía: «No pasar. Los transgresores serán procesados con todo el rigor de la ley» y lo firmaban «Las hermanas de la misericordia».

Cuando vine a la iglesia en 1990 donde ahora sirvo en Chicagolandia, bien podría haber tenido un cartel que dijera «no pasar» en la entrada. De hecho, había un diácono anciano maravilloso que había estado sugiriendo por años que necesitábamos poner alrededor de la propiedad un cerco y un portón de entrada. Él era el que usualmente limpiaba los desastres dejados por los chicos del vecindario, por lo que sé que solo estaba siendo práctico. Pero un día cuando uno de los líderes de nuestra iglesia no permitió la entrada a unos chicos para usar el baño, tuvimos que tener una conversación.

Impedir la entrada era lo que hacía enojar a Jesús, porque nuestra misión es ayudar a las personas a entrar, no a mantenerlas afuera. El acceso es la clave. Dios quiere que sea fácil entrar a su reino. Él pagó un alto precio para que no haya impedimentos, así que hagamos bien las cosas.

Yo siento lo mismo acerca del acceso incluso de maneras prácticas. Por ejemplo, la puerta de mi garaje una vez fue deformada y golpeada por razones que no puedo compartir públicamente. Por lo que los sensores de seguridad no podían conectarse apropiadamente por la deformación de la puerta. Nunca me gustaron esos sensores. Detesto cuando, después de oprimir el botón, tengo que correr rápido a la puerta y dar un saltito sobre el rayo para que la puerta no se vuelva a subir. No soy un buen saltarín.

Yo sé que son dispositivos de seguridad, pero quería tener acceso fácil a mi casa. Al fin me cansé y decidí tratar de desconectarlos, lo cual no funcionó. Alguna rama del gobierno obligó al fabricante a que este dispositivo sea inviolable. Me imagino que lo hicieron así para frustrar a personas que presentan un riesgo como yo. Llegado a este punto, literalmente no podía usar la puerta, así que traté de buscarle la vuelta uniendo los cables, pero tampoco funcionó. Entonces, en un momento muy malo, tomé la cinta aisladora y pegué los sensores contra la pared uno al lado del otro, para que no funcionaran más. Y dio resultado, pero rápidamente me convencí de que tal vez la seguridad era importante, así que conseguí una puerta nueva.

Tan terrible y tonta como esta ilustración pueda ser, quisiera pedirle que piense por un minuto la función simbólica de esos sensores. Cuando Adán y Eva pecaron, fuimos separados de Dios. Desde entonces, Dios ha estado de un lado del garaje y la humanidad del otro. El sacrificio de Jesús nos dio el control remoto que abre las puertas del garaje para entrar. Pero el maligno está constantemente usando su automóvil para chocar con la puerta e impedir que el dispositivo funcione, intentando hacer que sea más difícil entrar. A veces lo hace abiertamente y otras de forma subversiva. Desafortunadamente, su mejor táctica es usar a otros hijos de Dios para romper la puerta, así impidiendo el acceso al Padre. Jesús dijo acerca de ellos «Son guías ciegos que conducen a los ciegos» (Mateo 15.14, NTV).

No piense que no me he hecho la siguiente pregunta al escribir este libro. ¿Qué si yo también soy ciego? Puedo decirle que lo he pensado, que he orado, y estudiado este asunto toda mi vida. Y creo que cuando Jesús nos enseñó a orar a nuestro Padre celestial, fue una teología sin precedentes. Ningún sistema religioso tenía esa perspectiva de Dios. Y cuando dijo que Dios es un Padre maravilloso, el padre que da buenas cosas (Mateo 7.11), lo decía en serio; Dios es un Dios dador. Si todo esto es verdad, entonces mi trabajo como líder de la iglesia es hacer simple y posible el abrir la puerta.

Juan 3.16, 17, lo dice así:

Porque tanto amó Dios al mundo que dio a su Hijo unigénito, para que todo el que cree en él no se pierda, sino que tenga vida eterna. Dios no envió a su Hijo al mundo para condenar al mundo, sino para salvarlo por medio de él.

Y Lucas 14.23 dice esto:

Entonces el señor le respondió: «Ve por los caminos y las veredas, y oblígalos a entrar para que se llene mi casa».

Mi trabajo es reparar la puerta para que todos puedan entrar inmediatamente. Mi trabajo es ayudar a la gente para que regrese a casa a la fiesta de bienvenida que nuestro Padre tiene para ellos (Lucas 15.22-24). Mi trabajo es crear un acceso a Dios libre de impedimentos.

Mi trabajo *no* es seguir los pasos de los fariseos, con quienes Jesús muy a menudo se frustraba:

¡Ay de ustedes, maestros de la ley y fariseos, hipócritas! Les cierran a los demás el reino de los cielos, y ni entran ustedes ni dejan entrar a los que intentan hacerlo. (Mateo 23.13, 14)

Los fariseos *pensaban* que por seguir las reglas estaban entrando en el reino, cuando en realidad estaban deformando la puerta del garaje y haciendo que sea más difícil entrar. Nunca lo entendieron. Acabaron por cerrar la puerta en la cara de la gente porque, desafortunadamente, no había otra manera de entrar, Jesús era y es el único camino.

¿Cómo es que no sabían esto? Necesito saber cómo hicieron para pasarlo por alto, para que yo no cometa el mismo error. La respuesta es que estos líderes de la iglesia se paraban a la puerta con una *metodología* religiosa. En lugar de ayudar a la gente a entender cuánto Dios los amaba, creaban una gran barrera.

Para continuar tan transparente como intento serlo en este libro, permítame admitir uno de mis peores episodios con los portazos. Tuvo que ver con la ciencia. Desde los tiempos de Jesús la ciencia avanzó mucho, lo cual en muchas maneras es una gran ventaja para el mundo. No obstante, también ha creado nuevas formas de impedir el acceso a Dios, de abollar la puerta del garaje.

Cuando Jesús dijo: «Ay de ustedes, maestros», había menos maneras para que esos maestros den el portazo, de las que hoy tenemos. El portazo intelectual no era un gran problema en esos tiempos porque los líderes de la iglesia, generalmente, eran las personas más educadas. Al menos, estaban a la par de cualquier intelectual romano o griego. En ese momento de la historia, era tan difícil para los eruditos griegos comprobar que Atlas sostenía el mundo sobre sus hombros como lo era para los eruditos judíos comprobar que Jehová Dios lo había suspendido en el cielo.

Hoy todo es muy diferente. La mayoría de la gente que me encuentro, que tiene dudas acerca de Dios, tiene algún grado de escepticismo científico o intelectual acerca de la Biblia y, por lo tanto, su entendimiento acerca de Dios. Se les ha enseñado que la Biblia y la ciencia no pueden coexistir, lo cual es un gran problema. Mortimer Adler, uno de los más grandes pensadores del siglo veinte, dijo que la pregunta sobre la existencia de Dios es la pregunta más importante que una persona se puede hacer, porque de la forma que uno responda a esta pregunta, más serán las consecuencias que resultarán de ella que de cualquier otra pregunta en la vida.[1]

Para ser claro, hay muchísimos científicos que creen en Dios y algunos creen que pueden reconciliar la ciencia con la Biblia sin problema. El número de científicos que creen en Dios ha sido consistente en la historia reciente:

En 1916 se preguntó a biólogos, físicos y matemáticos, en una investigación, si ellos creían en un Dios que se comunicara activamente con la humanidad, y a quien uno pudiera orar con la expectativa de recibir una respuesta. Cerca del cuarenta por ciento respondió afirmativamente. En 1997, el mismo estudio se repitió exactamente igual, y, para sorpresa de los investigadores, el porcentaje permaneció casi idéntico.[2]

Lo que quiero decir es que la ciencia no tiene porqué ser un problema. Un gran porcentaje de la duda científica no ha sido causada por nuevos conocimientos científicos; ha sido causado por cómo los cristianos, así como yo, hemos interpretado la Biblia a la luz del conocimiento científico.

Muchos de nosotros le hemos cerrado la puerta a muchas personas que creen en la ciencia. Por un tiempo fui parte de ese problema. Mi problema era que nunca había aprendido acerca de la evidencia científica que señala a Dios, entonces, cuando entendí quise que otros también la conozcan. Crecí escuchando que la evolución era una idea alocada que no podía ser comprobada. Así que lo acepté y ponía mis ojos en blanco cuando mencionaban el tema. Pero en el camino, se me dio la oportunidad de estudiar lo que dice y no dice la ciencia acerca de Dios y encontré que había científicos de renombre que reconciliaban la ciencia y la Biblia de maneras interesantes. Leer la evidencia científica acerca de Dios fortaleció mi fe. En ese momento fue algo nuevo para mí.

Prediqué una serie de mensajes sobre el tema, invité a conferenciantes, escribí un artículo sobre el creacionismo para una clase de posgrado, y honestamente actuaba como si sabía mucho más de lo que realmente sabía (que es además lo que estoy haciendo al escribir este libro, pero eso es un tema aparte). La naturaleza humana quiere tener la razón siempre. Y ese es el único motivo por el que hay una sección de comentarios en cualquier tipo de red social.

Entonces un día tuve un almuerzo que cambió mi vida con un buen amigo mío. Si usted me pidiera que escribiera una lista corta de las personas con las que quisiera estar varado en una isla desierta, este amigo estaría definitivamente en mi lista. Es divertido, gracioso, interesante, está en una banda de *rock* pesado y tiene un doctorado en filosofía. Si él hubiera estado en la isla de Gilligan probablemente hubieran sido rescatados inmediatamente. No digo que construir una radio con un coco no sea algo fantástico, pero este amigo hubiera avergonzado al profesor.

En ese tiempo, mi amigo estaba explorando el cristianismo y me oyó hablar sobre mi nuevo conocimiento científico. Me hizo una pregunta que cambió mi paradigma; literalmente cambió mi ministerio. La pregunta fue: «Para ser cristiano, ¿debo creer en tu versión de la creación?». Esta fue una pregunta más profunda que solo este asunto. Lo que en esencia preguntaba era: ¿Qué *debe* uno creer para ser cristiano? ¿Debo renunciar a mi entendimiento de la ciencia para ser cristiano?

«Bueno», dije haciendo una pausa, «Me parece que… no».

Lo que sabía era que en mi estudio había leído varias teorías escritas por científicos cristianos de todos los trasfondos. Algunos trataban de refutar la evolución darwinista con ciencia, algunos explicaban la evolución desde una perspectiva bíblica, y otros eran completamente evolucionistas teístas, es decir, creen que Dios *fue* el *Big Bang*. Considerando mi conocimiento de las escrituras, y del hecho que Dios creó a cada uno según su especie (Génesis 1.24, 25), esta última categoría me resultó algo confusa. Pero debo admitir que algunos de ellos, a su manera, parecían tener un entendimiento mucho más profundo de Dios, y que *todos* eran más inteligentes que yo.

> Un gran porcentaje de la duda científica no ha sido causada por nuevos conocimientos científicos; ha sido causado por cómo los cristianos, así como yo, hemos interpretado la Biblia a la luz del conocimiento científico.

Cuando mi amigo me hizo la pregunta, me obligó a darme cuenta de que no importaba. Era como si la voz de Dios me preguntaba: «¿En verdad crees que yo quisiera que uno de mis hijos encuentre la puerta del garaje cerrada por causa de *tu* interpretación de algo que ocurrió hace mucho tiempo? ¿Algo que nadie jamás podrá responder?

«No, señor».

¿Habrá un anciano cojeando en las puertas del cielo exigiendo: «Respóndame estas tres preguntas?».[3] Probablemente no. Pero si lo hubiera, dudo que esta fuera una de esas preguntas.

> Ahora bien, la fe es la garantía de lo que se espera, la certeza de lo que no se ve...
> Por la fe entendemos que el universo fue formado por la palabra de Dios, de modo que lo visible no provino de lo que se ve. (Hebreos 11.1, 3)

Ese fue otro tiempo en el que hubiera caído en la categoría de los que hacían enojar a Jesús. Le hubiera escuchado decirme: «Le has cerrado con un portazo en la cara el reino de los cielos a la gente».

¿Conoce usted a Galileo?

¿Alguna vez escuchó acerca de Galileo, el físico y astrónomo italiano? En 1633, la iglesia lo condenó por difundir herejías y lo obligó a retractarse. El asunto era un poco más que política, pero la iglesia esencialmente le dijo: «O, Galileo, sabemos que eres muy inteligente y que dentro de cientos de años la gente reconocerá tu nombre y los asombrosos descubrimientos que has hecho en la ciencia. Pero nosotros somos la iglesia y sabemos todo».

¿Cuál era el problema? La iglesia creía que la Biblia claramente enseñaba que la tierra estaba en el centro del universo y que el sol giraba alrededor de ella. Esa era la enseñanza aceptada por la ciencia y la iglesia hasta ese momento. A propósito, en caso de que haya sido reprobado en ciencias, aquello no es verdad.

Por último, la información y la consistencia de las predicciones de la teoría convencieron aun a los científicos más escépticos. La Iglesia Católica permaneció fuertemente opuesta, a pesar de todo, aduciendo que ese punto de vista era incompatible con las sagradas escrituras. En retrospectiva, es claro que la base escritural para esas afirmaciones era muy precaria; no obstante, esta confrontación duró por décadas y finalmente hizo un considerable daño, tanto a la ciencia como a la iglesia.[4]

La cita arriba fue tomada de Francis Collins, un científico que cree en Dios. Él fue uno de los científicos comisionados con la tarea de mapear el ADN. En su libro sobre el proceso para descifrar el ADN, *¿Cómo habla Dios?*, presenta algunos de los mejores argumentos que jamás haya leído de parte de un Dios creador.

En un evento celebrando este hito con el mundo, el entonces presidente Clinton llamó al ADN el «lenguaje de Dios», lo cual obviamente era controversial dentro de las comunidades científicas. Pero Collins concordó, y básicamente dijo lo mismo en su discurso:

¿Qué estaba sucediendo? ¿Por qué motivo un presidente y un científico, encargados de anunciar un hito en la biología y la medicina, se sienten obligados a invocar una conexión con Dios? ¿No son las cosmovisiones científicas y espirituales opuestas, o no deberían al menos evitarse mencionar en la Casa Blanca? ¿Cuáles fueron las razones para invocar a Dios en sus dos discursos? ¿Era poesía? ¿Hipocresía? ¿Será un intento cínico de congraciarse con los creyentes, o para desarmar a aquellos que podrían criticar este estudio del genoma humano como uno que reduce la humanidad a una máquina? No, para mí no. Más bien lo contrario, para mí la experiencia de la secuenciación del genoma humano, y descubrir el más notable de todos los textos, fue tanto un logro científico extraordinario y una oportunidad para adorar.[5]

La cita arriba fue tomada del principio de su libro. En los cientos de páginas siguientes, Collins procede a presentar sus razones para creer en la evolución teísta, es decir, que Dios inició el proceso. Todavía no estoy de acuerdo ni tampoco entiendo por qué Dios usaría un proceso evolucionario largo y lento. Pero la pregunta aún mayor es: ¿Podría este científico muy inteligente ser cristiano si cree eso?

Mientras pensaba acerca de mis amigos Francis Collins y Galileo, me di cuenta de que, aunque hoy sepamos mucho más acerca de cómo funciona el sistema solar, muchas puertas del reino aún se cierran a portazos porque la iglesia piensa que todo gira alrededor de ella. Tal vez usted se pregunte: ¿Y por qué creía la iglesia hace cuatrocientos años que el sol giraba alrededor de la tierra? Porque así lo dice la Biblia: «El Señor, el Poderoso, es Dios y habló; convocó a toda la humanidad desde donde sale el sol hasta donde se pone» (Salmos 50.1, NTV).

Así que la iglesia le dijo a Galileo: «Señor Galileo, la Biblia dice que el sol sale y se pone. Eso ya está establecido. Yo lo creo, y usted también debe creerlo. Su *nueva* ciencia no puede ser verdad». Como sabemos los líderes de la iglesia pueden tener una mentalidad cerrada.

No nos olvidemos que fue Copérnico quien inició esta revolución (que colocaba al sol en lugar de la tierra en el centro del universo), lo que Galileo defendió. Después, Isaac Newton agregó las matemáticas a la ecuación. Para entonces, empezó a ser obvio a todos de que la iglesia había estado equivocada todos esos años, lo cual forzó a la iglesia a admitir que estaba equivocada (algo que es difícil para las personas con una mente cerrada) o a seguir aferrándose a su interpretación incorrecta de la Escritura. ¿Imagínese lo que hicieron? Crearon una barrera para la gente racional que duda intelectualmente de Dios por ninguna razón. ¿Estaba equivocada la Biblia, o pasaron algo por alto en su interpretación?

La razón por la que esta historia me encanta es que, cuatrocientos años después, seguimos diciendo «sale el sol» y se «pone el sol». Revise su aplicación del clima, o pregúntele a Siri a qué hora se pone el sol. ¿Será que Siri cree que el sol se pone? ¿O es solo una expresión? Como líder de la iglesia y como ser humano racional, la simple respuesta es que el escritor del salmo no intentaba argumentar con la ciencia y la Biblia no fue escrita para definir la astronomía o explicar el origen de la tierra. Entonces, ¿por qué pensaba *yo* que debía hacerlo?

Déjeme decirle que hay muchas personas que tienen dudas legítimas acerca de Dios, después de estudiar la Biblia y la ciencia. Mi punto es que muchas personas han sido marginadas del reino y han sido llevadas a dudas intelectuales por cristianos con una mentalidad cerrada. Esto debe ser increíblemente frustrante para nuestro Padre, quien quiere que todos regresemos a casa.

No puede uno pensar que a Dios le interese que creamos que él hizo el mundo en un *bang*, en seis días literales, o en seiscientos millones de años. Lo que realmente le importa es que regresemos a casa y que sepamos que la puerta está abierta. ¡Él no envió a su Hijo hasta nuestro pequeño planeta para que podamos llegar a casa, solo para encontrar que tanto yo como mis interpretaciones están bloqueando el camino!

Pablo escribió: «No tengas nada que ver con discusiones necias y sin sentido, pues ya sabes que terminan en pleitos. Y un siervo del Señor no debe andar peleando; más bien, debe ser amable con todos, capaz de enseñar y no propenso a irritarse» (2 Timoteo 2.23, 24).

Y Pedro dijo: «Más bien, honren en su corazón a Cristo como Señor. Estén siempre preparados para responder a todo el que les pida razón de la esperanza que hay en ustedes. Pero háganlo con gentileza y respeto» (1 Pedro 3.15, 16).

Déjeme destacar que también es muy importante entender la cultura en la que vivimos al vivir nuestra fe. Cuando Pedro se puso de pie para predicar su primer sermón en Hechos 2, uso mucha jerga judía, porque le estaba predicando a un público judío. Recién había ocurrido la crucifixión de Jesús; todos los que lo escuchaban sabían lo que había pasado. Así que les habló bastante duro.

El apóstol Pablo predicaba diferente dependiendo de la audiencia que tenía. Cuando llegó a Atenas en Hechos 17, le habló a un grupo intelectual de diversos trasfondos, empezando por un pequeño punto de conexión, una estatua dedicada al «dios no conocido» (Hechos 17.23). Tomó una posición no combativa y usó la lógica en lugar de la retórica. Él no intentó discutir con ellos, primero tenía que abrir la puerta.

Mi punto es que, Totó, no vivimos más en Hechos 2. Tal vez deberíamos mantener al margen lo que no es esencial.

Ya le he contado acerca de mi maravilloso yerno británico, Ash. Lo que no le conté es que llevó más de una cerveza con algunos cristianos para ganarlo. Él también tenía muchas de estas barreras intelectuales. Mi hija Rachel es muy buena para derribar barreras; ella puede encontrar con mucha naturalidad una «estatua al dios no conocido» para encontrar la conexión. Permítame incluirlo en uno de los diálogos que ella y Ash tuvieron desde continentes separados a medida que su relación se iba desarrollando.

Un día Ash se puso sensible y dijo:

He pasado veintidós años deseando que las personas acepten mis palabras como verdad y realmente casi llego hasta al punto de que todos lo hagan. Si me cuestionaban, los enterraba para que no lo volvieran a intentar. ¿Pero sabes lo que llegué a entender? Tomo mis sentimientos y los convierto en explicaciones. Tengo sentimientos. Solo que no sé cómo lidiar con ellos así que encuentro una justificación en mi cabeza. Luego meto los sentimientos en la bolsa de justificación y los coloco en la alacena. Así no tengo que lidiar con ellos.

(Yo no me di cuenta de que también hacía lo mismo hasta hace unos años. Les dije que él era inteligente).

Por lo general esas justificaciones no son válidas, y nunca las desafío. Pero si otras personas las desafían, lucho con contundencia y generalmente gano. Pero tú Rachel no me desafías. Tú no me dices que estoy equivocado, tú solo... no sé. Es como que te quedas sentada esperando de que me dé cuenta lo tonto que soy y entonces sí, desafío mis propias justificaciones.

Por ejemplo, mira el cristianismo. Cuando te conocí yo pude, y lo hice en el pasado, haberte dado horas de justificación del porqué odiaba la religión. Pude haber presentado una lista y colocar algunos fanáticos religiosos en sus lugares. Y tú te acercaste y me desafiaste acerca de por qué odiaba la religión, de por qué tenía lástima de las personas que creían en Dios, Jesús y la resurrección. Yo te hubiera puesto en tu lugar y, sin ofenderte, probablemente me hubiera ido con mucha petulancia por mis excelentes argumentos y victorias racionales de lógica. Pero tú no hacías eso. Solo me hacías ver que todo eso que yo presentaba era una gran basura. Y que la mayoría de mis datos eran opiniones envueltas en justificaciones.

Bueno, la mejor analogía que puedo pensar no es del todo bíblica, pero me voy a arriesgar. Es como que pasé años edificando fundamentos sobre los cuales pararme, y la gente me decía: «Eh, tus fundamentos se ven bastante malos». Y yo les tiraba cosas y les decía que se larguen. Después de todo, ellos estaban parados sobre el lodo. Pero luego, cuando tú te acercaste a mí, en lugar de burlarte de mis malos fundamentos, te aproximaste y te paraste sobre una roca. Al observarte pensé: *Un momento, ella no lo está diciendo, pero... esa roca no requirió ninguna edificación y se ve mucho más firme que los fundamentos que tengo yo.* Y no me lo tienes que decir porque puedo ver la tonta roca.

Hay tantos asuntos sobre los cuales contender y muy poco fruto que cosechar al discutir. Es decir, Rachel y Ash han tenido algunas conversaciones espirituales maravillosas (y todavía las tienen). No estoy insinuando en lo absoluto de que no tenemos que hablar sobre cosas espirituales. Solo pienso que es mucho mejor comenzar parándonos sobre la roca. Muéstreles cómo es Jesús y deje su luz brillar.

CONCLUSIÓN

Cuando la culpa obstaculiza el camino

Crear un acceso libre al amor del Padre

COMO LO HE DICHO EN EL LIBRO, aunque sé que muchos de nosotros nos imaginamos que Jesús se parecía a un hippie de los años sesenta, él se enojó legítimamente con algunas personas. Pero nunca con las personas que tenían preguntas acerca de Dios o los que obviamente eran pecadores. Siempre se enojaba con las personas religiosas.

Tal vez ahora lo pasemos por alto, porque vemos a esas personas como las que realmente no sabían quién era Dios, y ellos fueron quienes mataron a Jesús. Pero mucho de lo que he hablado aún se aplica a la religión de hoy. Y podemos entender mejor su pasión cuando vemos que los problemas de la gente con Dios en realidad tienen que ver con la religión, y lo que entienden acerca de él deriva de una representación incorrecta. Piénselo de esta manera:

- Muchas de las cosas que no podemos reconciliar intelectualmente se basan probablemente en una interpretación humana e incorrecta de Dios.

- Muchas de las cosas que no podemos reconciliar emocionalmente se basan probablemente en una interpretación humana e incorrecta de Dios.
- Muchas de las cosas que no podemos reconciliar de la religión se basan probablemente en una interpretación humana e incorrecta de Dios.

No obstante, cuando me hacen preguntas acerca de Dios, la mayoría de las veces me doy cuenta de que en realidad no son preguntas acerca de Dios. Son acerca de la religión. Y lo que hemos hecho con la religión ha causado mucho daño. El problema es el siguiente: cuanto más juguemos el juego de la religión más pensaremos que estamos haciéndolo mejor; y se hace más difícil dejar de hacerlo.

Años pasados cuando los mensajes de texto, el teléfono y los minutos de celulares se regulaban más de cerca, decidí revisar mi plan celular. Imagínese mi sorpresa cuando descubrí que tenía un excedente a mi favor de seis mil minutos, tiempo que había pagado, pero no utilizado. Obviamente, estaba pagando por un plan que me daba más acceso al teléfono de lo que mi familia necesitaba. Estaba perdiendo dinero.

Entonces llamé a la compañía de teléfono y le dije a la vendedora: «Bueno, ¿cómo puedo ahorrar dinero en mi situación? Debería cambiar mi plan a uno menor, ¿verdad?».

Ella me dijo que podía, pero que al hacerlo perdería el excedente a favor de los seis mil minutos.

Le dije que de todos modos lo haga.

Entonces hablando por teléfono la amable mujer me dijo: «Me alegra oír decirle eso, porque la mayoría de la gente no lo hace».

Entonces le pregunté: «¿Por qué? ¿Por qué motivo la gente no quiere cambiar para ahorrar?».

Me dijo: «Algunas personas no quieren perder los minutos que acumularon».

Esta es la manera en que los líderes de la iglesia miraban a la religión: «¡Pero, Jesús, hemos acumulado seis mil minutos!». Hemos diezmado, orado, renunciado a cosas, nos hemos levantado temprano y velado hasta tarde para ganar estos puntos. Pero si te seguimos los perdemos».

Así que, aunque el plan nuevo es mucho mejor, se les hace difícil soltar el viejo. Obviamente, la gente que no tenía minutos suficientes acudía a Jesús. Pero para los que pensaban que les iba bien les era difícil hacer el cambio, aunque se trataba de un plan mucho mejor.

Irónicamente, este problema sigue ocurriendo aun con las personas que siguen a Jesús. Se quedan atascadas en la versión del plan que tienen. Aunque sabemos que Dios dice que no necesitamos ese plan. Jesús murió para salvarnos de ese plan, él canceló el plan. Usando el lenguaje de Pablo: «Y anular la deuda que teníamos pendiente por los requisitos de la ley. Él anuló esa deuda que nos era adversa, clavándola en la cruz» (Colosenses 2.14).

Se nos hace tan difícil soltar nuestra religión, que lleva al orgullo, que lleva a la crítica que pone barreras con Dios. La gente que sabe que necesita a Dios y que no se siente satisfecha acerca de su relación con él, necesita que le ayudemos a entender lo maravilloso que es su nuevo plan para que todos nos pasemos a el.

Por alguna razón, mucha gente se sorprende cuando descubre que soy pastor. Puedo entenderlas. No tengo la apariencia de ser un hombre religioso. Una vez que lo descubren, puedo leer instantáneamente su reacción, ya sea positiva o negativa. No puedo decirles cuántas veces la gente oye esta revelación y me dice sorprendida: «¡No te creo!». Esa es mi respuesta favorita. De vez en cuando, veo algún tipo de shock cuando sus caras quedan pálidas. Encontrarse con un miembro del clero crea una culpabilidad instantánea, es como que soy un agente secreto del OCI (Oficina Celestial de Investigaciones). ¡Arrestado!

Una noche conducía tarde por un camino desconocido cuando se encendieron las luces de la policía detrás de mí. Había excedido la velocidad; es uno de mis dones espirituales. Resultó que también tenía la patente vencida. Ah, sí, además, hacía un año desde que me mudé que no actualizaba mi domicilio en mi licencia de conductor. Tres golpes. No podía ser bueno.

El oficial miró mi licencia de conductor comercial y procedió a darme una lección sobre por qué un conductor «profesional» debería ser más cuidadoso. Tal vez debí haberle dicho: «Sí, señor, pero soy lo suficientemente inteligente como para jugar mi tarjeta "Salga de la cárcel, gratis" si la puedo usar». Así que procedí a explicarle que en realidad yo no era un conductor comercial, por lo que supe cuál sería su próxima pregunta: «¿Entonces por qué tiene una licencia comercial?». Por cierto, cayó en mi plan.

«Bueno, soy pastor y debo tener una licencia comercial para conducir el autobús de nuestra iglesia».

Cuando tenga las tarjetas, juéguelas.

Me imagino que no muchos de ustedes han tenido la oportunidad de observar a un oficial de policía sentirse culpable por *hacerle* parar. Se quedó sin palabras. Puso una mirada como que acababa de parar al alcalde de la ciudad, que iba a llamar a su superior y meterlo en problemas.

Finalmente, dijo: «Así que usted es pastor... a ver espere un minuto», y regresó a su automóvil. Unos minutos después volvió a la ventanilla y me dijo: «No puedo darle la multa. Aunque usted debería ser más cuidadoso, no puedo darle la multa».

Y como no quise discutir le dije: «Ah, bueno, lo siento. Me encargaré de poner todo en orden».

Seguido me dijo: «Hace años que no me confieso». Y luego continuó diciéndome lo decepcionante que debe ser para su madre italiana que él ya no iba más a la iglesia. (Le aseguro que esta historia es verdadera).

Entonces me di cuenta de que, de alguna manera, mis hábitos de conducir irresponsablemente en realidad fueron un don de Dios en respuesta a la oración de una madre. Tuvimos una conversación muy amena acerca de Dios y la religión, y le invité para que venga a la iglesia y le di mi tarjeta. Desde entonces instalé una pequeña cortina al lado de la puerta del conductor que puedo cerrar para la confesión, en caso de que alguna vez suceda.

Debo admitir que salí sintiéndome en conflicto, aunque estaba aliviado de haber sido absuelto, pero también estaba decepcionado por el oficial y su relación con el Padre celestial. Él parecía ser alguien que dejó su cuenta de teléfono sin pagar por tanto tiempo que pensó que la línea había sido cortada. Tal vez no podía competir con su madre, así que se rindió. Creo que en lo profundo él, y todos, quieren estar cerca de Dios. Pero es muy difícil cuando pensamos que eso depende de la manera en que nos comportamos.

C. S. Lewis, en su libro *Mero cristianismo*, escribió acerca de un escolar a quien se le preguntó cómo pensaba que era Dios. Él contestó que, a su parecer, Dios era «la clase de persona que siempre está espiando a ver si la gente se divierte y entonces intenta impedírselo».[1]

Mi proposición aquí es que Dios le ama, y lo que enojó a Jesús fue cuando alguien impedía que otros accedieran a ese amor.

Quizás usted no tuvo la experiencia de vivir con un buen padre, como tuve yo. Pero, aunque usted haya tenido el mejor padre en el mundo, no lo puede comparar con su Padre celestial. Me da pena si el pensamiento de Dios le hace sentir culpable. Jesús lo conoce mejor que cualquiera de nosotros, y él dijo que los padres terrenales tienen una capacidad limitada para hacer el bien, pero «¡cuánto más su Padre que está en el cielo dará cosas buenas a los que le pidan!» (Mateo 7.11) ¡Cuánto más!

> Jesús dijo que los padres terrenales tienen una capacidad limitada para hacer el bien, pero «¡cuánto más su Padre que está en el cielo dará cosas buenas a los que le pidan!» (Mateo 7.11)

Por lo general, si usted se crio con algún tipo de trasfondo de fe, al principio Dios es visto de manera similar a Papá Noel. Él es grande y bueno y hace cosas buenas para usted, pero nunca lo llega a ver, conocer o reunirse con él. (Ir al centro comercial y conocer a un Papá Noel que huele a hamburguesas con queso no es una gran ayuda). Desafortunadamente, mucha gente nunca supera esta imagen de Dios, así que, si falla en traerle un poni como regalo de Navidad, comienzan a tener problemas para creer.

Cuando usted es un adolescente o un adulto joven, su idea acerca de Dios puede tomar uno de dos caminos. O se convierte en el verdadero Padre celestial que usted tanto anheló, o las cosas empeoran y se convierte en un Papá Noel enojado, la personificación de normas y reglamentos que usted no entiende y que no tiene ningún deseo de cumplir. Papá Noel enojado «hace una lista y la revisa dos veces», y usted se da cuenta de lo mal que se ha portado. De repente, *bada-boom bada-bing*, y usted tiene una terrible imagen de Dios.

Una de mis escenas chistosas favorita de *Saturday Night Live* es «Deep Thoughts with Jack Handy» [Pensamientos profundos con Jack Handy]. Eran solo frases al azar cambiando en la pantalla y en el trasfondo podía escucharse música etérea. Una de mis frases favoritas era: «Si un niño le pregunta de dónde viene la lluvia, pienso que algo bonito para decirle es que "Dios está llorando". Y si me pregunta por qué Dios está llorando, otra cosa bonita para decirle es "Probablemente por algo que tú hiciste"».

Ese es el problema. Traté de explicarle este error a mi amigo policía y espero que lo haya podido entender. Jesús vino para deshacer la idea de un Dios que está espiando para encontrar alguna manera de impedir que uno se divierta.

> El que no ama no conoce a Dios, porque Dios es amor. Así manifestó Dios su amor entre nosotros: en que envió a su Hijo unigénito al mundo para que vivamos por medio de él. (1 Juan 4.8, 9)

Como lo enseñó Sócrates, es casi imposible instruir a una persona con una respuesta hasta que él o ella estén interesados en hacer una pregunta. Tanta gente hoy día no quiere hacer la pregunta acerca de Dios porque toda su vida se les ha dado la respuesta equivocada. Esto es lo que enojó a Jesús. Y estoy seguro de que aún es así.

Dallas Willard escribió en su libro *La divina conspiración:*

> La prueba de fuego para cualquier teología es esta: ¿Se presenta a Dios de una manera que pueda ser amado con el corazón, la mente y las fuerzas? Si después de reflexionar la respuesta sincera es «no», entonces debemos buscar en otro lugar o más

profundamente. No importa cuanta sofisticación intelectual o doctrinal utilicemos. Si falla en presentar a un Dios que puede ser amado —que es radiante, alegre, amistoso, accesible, y un ser totalmente competente— por personas comunes y corrientes, algo está mal. No debemos seguir en la misma dirección, sino dar la vuelta y tomar otro camino.[2]

No tengamos temor de hacer eso. Si nos encontramos transitando por el mismo camino de aquellos que hicieron enojar a Jesús en tiempos pasados, tengamos la valentía y la humildad para detenernos, dar la vuelta, y regresar al camino hacia el Padre amoroso cuyo anhelo siempre ha sido buscar y salvar.

RECONOCIMIENTOS

ESTE LIBRO HA ESTADO en marcha por más de diez años. No soy una de esas personas que dicen con facilidad que Dios puso algo en mi corazón. Aunque pienso que lo hace mucho más seguido de lo que me doy cuenta, pero no acostumbro a usar este argumento con las personas. No obstante, tengo certeza de que Dios colocó este libro en mi corazón y en mi cerebro. El desarrollo de este libro es una de esas historias que cuentan los escritores donde en tiempos pasados traté una y otra vez de publicarlo, pero no lograba encontrar una editorial que lo hiciera así que lo dejé en espera. No obstante, en el trayecto publiqué un libro diferente. Estoy profundamente agradecido a Rick Warren y a Saddleback por publicar mi libro *Life on Mission* en el 2014, tanto por cómo el proyecto ayudó a muchas iglesias y de la manera que amplió mi plataforma para publicar este libro. Pastor Rick, una noche común y corriente en Ruanda cambió mi manera de ver al mundo. Gracias por eso.

Quiero agradecer a dos de mis amigos que me ayudaron a empezar este proyecto. (Algunas de las frases de este libro podrían ser de ellos). Dave Latko y Earl Merkel, gracias por su trabajo y motivación.

Este proyecto es el producto de un equipo fantástico de editores y cerebros de Thomas Nelson. Jessica Wong acompañó este libro durante todo el proceso y me alentó, al mismo tiempo de dar sentido a mi aleatoriedad. Sujin Hong ayudó con los detalles más ínfimos, y Aryn VanDyke es el genio de la mercadotecnia. Randy Frazee, gracias por alentarme a escribir el libro y por conectarme con este equipo.

Estoy muy agradecido a mi agente Steve Green por aceptarme como cliente en el momento más atareado de su vida. Agradezco el aliento que recibí de todas las personas que escribieron los elogios para este libro, y también a los muchos otros que no pudieron hacerlo por diferentes motivos. Aún no tengo muchos detractores, pero que empiece el juego…

Tengo tres amigos que se han asociado conmigo, en los pasados catorce años, para vivir la vida, el ministerio y pedirme cuentas por lo que hago. Greg Nettle, Ben Cachiaras y Eddie Lowen, ustedes son mi banda de hermanos.

Por otro lado, mi banda de hermanos mayores es magnífica. Está formada por pastores amigos que tienen la libertad de hablarme abiertamente. Si comenzara a nombrar cada uno de ellos, estoy seguro de que dejaría alguien sin mencionar, entonces lo dejaré así. Pero ya sabes quién eres, y valoro lo que hacemos juntos.

Mis presbíteros (o ancianos) de Parkview también forman parte de mi red de apoyo en muchas maneras. En un tiempo cuando tantos pastores buscan pasar por alto a este importante liderazgo de la iglesia, o tienen una relación adversa con ellos, para mí ellos son buenos amigos.

El personal de Parkview es impresionante. Sé que algún día tendré que jubilarme y dejarlos solos, pero no sé qué haré sin ellos. Mi asistente, Cris, ha trabajado incansablemente para ayudarme a concretar este proyecto. Ella me gestiona a mí, y por eso deberían entregarle una maestría honoraria en administración de empresas (MBA). Bill Brown, nuestro pastor ejecutivo, mantiene la unidad de todas las cosas. Bill, tu amistad y la combinación perfecta de tu estilo divertido y liderazgo hacen que todo funcione. No puedo agradecerte lo suficiente. Wayne, Laurie, y Dan, ustedes nos completan. Agradezco a Casey, Chaz, Adam, Sean, y a todos los que opinaron sobre este proyecto.

Mark Jones, gracias por enviar sermones todas las semanas a un montón de pastores al azar. Por cierto, tú has impulsado parte de este libro en momentos muy importantes.

Kyle Idleman tiene que escribir sus propios libros, no solo prefacios para los demás. Kyle, gracias por tomar el tiempo para hacerlo. Te debo mucho. Ken y Kaylene, gracias por criarlo a él y parcialmente a mí en Ozark Christian College.

Agradezco a mi familia por el aliento que me han dado. Mamá y papá, su ejemplo en este asunto y su amor por mí es incalculable. Los he visto pasar por muchas de estas cosas en su ministerio y también por muchos cambios. Ustedes son ejemplos de personas que no siempre se sienten cómodos con los cambios que tienen que suceder, pero les encantan, porque la gente se encuentra con Jesús en la medida que cambian. Don y Carol, no podría pedir más aliento de mis suegros. Los amo. Doug y Jack, mis cuñados y hermanos en el ministerio, no sé dónde estaría sin los dos. Patti y Michele, gracias por permitirles que estén conmigo aún sabiendo que yo no sería una influencia tan maravillosa. Jay y Dana, ha sido un gozo tenerlos en mi vida. Viniendo de una perspectiva muy diferente del cristianismo, ustedes me han obligado a repensar muchas cosas. Jay, gracias por ser parte de nuestra vida.

Rachel, Lauren, y Becca, gracias por darme el maravilloso privilegio de ser su padre. Ustedes me han enseñado acerca de Dios más que cualquier otra cosa en la vida. No podría estar más orgulloso de ustedes y de lo que Dios ha hecho en sus vidas. Rachel, gracias por ayudarme a escribir este libro. Tienes talentos más allá de lo que sabes. Ash, Tommy y Andy, a los hijos casados Harlow, gracias por completar tan bien el ensamble. No pensé que quería tener hijos varones hasta que los conocí a ustedes. Gracias por amar a mis hijas y criar a mis nietos.

Denise… solo el Señor sabe lo que ha sido estar casada conmigo por treinta y cinco años. Apenas puedo escribir todo el amor y la gratitud que siento por tu apoyo, y tu aliento y compañerismo en el ministerio, lo cual siempre ha sido para nosotros un esfuerzo en equipo, así como este libro. No puedo imaginarme lo que sería mi vida sin ti. ¡Sería inconcebible!

Estimado lector, si usted aún está leyendo esta parte, bueno, usted es un tipo de acosador, pero gracias por sostener este libro en sus manos. (Espero que no lo haya conseguido de una tienda de libros usados). Sé que podría estar haciendo otra cosa con su tiempo, pero gracias por compartirlo conmigo.

NOTAS

Introducción: Obstaculizar el camino del amor de Dios

1. Ridley Scott, dir., *Gladiador*, Universal Pictures, 2000.

2. Usado con permiso.

3. Charles Dickens, *Un cuento de Navidad* (Tennessee: BN Publishing, 2009).

4. Barna Group, «Christians: More Like Jesus or Pharisees?» 3 junio 2013, https://www.barna.com/research/ christians-more-like-jesus-or-pharisees/.

Capítulo 2: Cuando ser bueno obstaculiza el camino

1. El *Yadayim* es una sección de un libro de enseñanzas judías llamado *Mishná*, sexta edición. La sección trata todo sobre el lavado de manos (*yadayim* es la palabra hebrea para «manos»). Jacob Neusner, *The Mishnah: A New Translation* (New Haven: Yale University Press, 1988), pp. 1123-31.

2. *The Office*, Temporada 2, Capítulo 12, «The Injury», estreno 12 enero 2006, escrito por Mindy Kaling.

Capítulo 3: Cuando las reglas obstaculizan el camino

1. *Los Simpson*, Temporada 7, Episodio 24, «¡Reventón!», estreno 19 mayo 1996, escrito por Brent Forrester.

2. Grant R Jeffrey, *La firma de Dios* (New Kensington, PA: Whitaker House, 1997), p. 138.

3. Mi paráfrasis del sermón «Jesus Says» en la serie de Andy Santley, *Follow* (en inglés), *http://followseries.org/jesus-says*.

4. Stanley, el sermón «Jesus Says».

5. Henry Clay Whitney y Abraham Lincoln, *Life and Works of Abraham Lincoln: Speeches and Presidential Addresses 1859–1865* (Nueva York: The Current Literature Publishing Co, 1907), p. 273.

6. Usado con permiso.

7. Steve Brown, *A Scandalous Freedom: The Radical Nature of the Gospel* (West Monroe, LA: Howard Publishing, 2004), p. 82.

Capítulo 4: Cuando la moralidad obstaculiza el camino

1. Timothy Keller, *Justicia generosa: Cómo la gracia de Dios nos hace justos* (Barcelona: Andamio, 2012), p. 77.

2. La palabra *desfigurar* (*afanizo*), literalmente «desaparecer», es una viva expresión de hacer algo irreconocible, sea cubriendo la cabeza o embadurnándola con cenizas y tierra. R. T. France, *Matthew: An Introduction and Commentary*, vol. 1 (Downers Grove, IL: InterVarsity Press, 1985), p. 142.

Capítulo 5: Cuando la hipocresía obstaculiza el camino

1. Bob Goff, *Everybody Always: Becoming Love in a World Full of Setbacks and Difficult People* (Nashville: Nelson Books), p. 60 [*A todos, siempre: Amar en un mundo lleno de contratiempos y gente difícil* (Nashville: Grupo, 2019)].

2. Portia Nelson, *There's a Hole in My Sidewalk: The Romance of Self-Discovery* (Hillsboro, OR: Beyond Words Publishing, 1993), pp. xi-xii.

Capítulo 6: Cuando la tradición obstaculiza el camino

1. Usado con permiso.

2. Sandee LaMotte, «No Amount of Alcohol Is Good for Your Overall Health, Global Study Says», CNN.com, https://www. cnn. com/2018/08/23/health/global-alcohol-study/index.html.

3. Usado con permiso.

Capítulo 8: Cuando la religión sin gracia obstaculiza el camino

1. William Barclay, *Comentario al Nuevo Testamento, Tomo 6, Evangelio según san Juan (II)* (Barcelona: CLIE, 1995), p. 330.

2. Bob George, *Cristianismo clásico: La vida es demasiado breve para que uno pierda lo que ella tiene de valor* (Miami, FL: Unilit, 1994), p. 129.

Capítulo 9: Cuando el prejuicio obstaculiza el camino

1. Steven Sample, *The Contrarian's Guide to Leadership* (San Francisco: Jossey-Bass, 2002), p. 28.

2. De acuerdo con la literatura rabínica para convertirse al judaísmo un samaritano ante todo debía renunciar a toda creencia en el carácter sagrado del monte Gerizim. Tomado de *Tractate Kutim*, citado en Sacha Stern, *Jewish Identity in Early Rabbinic Writings* (Leiden: Brill, 1997), p. 105.

Capítulo 10: Cuando los prójimos y los mosquitos obstaculizan el camino

1. Elias Chacour, *Blood Brothers* (Grand Rapids: Baker Books, 2013), p. 98.

2. Donald Miller, *Tal como el Jazz: Pensamientos no religiosos sobre la espiritualidad cristiana* (Nashville: Grupo Nelson, 2006), p. 23.

Capítulo 11: Cuando nuestros corazones obstaculizan el camino

1. Loren Eiseley, «The Star Thrower», en *The Unexpected Universe* (Orlando: Harcourt Brace & Company, 1969), pp. 67-92.

2. Steve Corbett y Brian Fikkert, *Cuando ayudar hace daño: Cómo aliviar la pobreza, sin lastimar a los pobres ni a uno mismo* (Nashville, TN: B&H Publishing Group, 2017).

3. Greg Nettle y Santiago «Jimmy» Mellado, *Small Matters: How Churches & Parents Can Raise Up World-Changing Children* (Grand Rapids: Zondervan, 2016), pp. 23-24.

4. Søren Kierkegaard, *Provocations: Spiritual Writings of Kierkegaard* (Walden, NY: Plough Publishing, 2014), p. 193.

5. Timothy Keller, *Autoolvido: El camino de la verdadera libertad* (Barcelona: Andamio, 2014).

6. Bob Goff, *Everybody Always: Becoming Love in a World Full of Setbacks and Difficult People* (Nashville: Nelson Books), p. 205 [*A todos, siempre: Amar en un mundo lleno de contratiempos y gente difícil* (Nashville: Grupo, 2019)].

Capítulo 12: Cuando los niños obstaculizan el camino

1. J. P. Louw y E. A. Nida, *Greek-English Lexicon of the New Testament: Based on Semantic Domains*, vol. 1, 2.ª ed. (Nueva York: United Bible Societies, 1988), p. 760.

2. Aristides, «Apology 15», en *The Ante-Nicene Fathers*, ed. Allan Menzies, vol. 9, 5.ª ed. (Nueva York: Charles Scribner's Sons, 1926), pp. 263-79.

3. John Ortberg, *¿Quién es este hombre?: El impacto impredecible del Jesús ineludible* (Grand Rapids, MI: Vida, 2013), p. 25 [Miami, FL: Vida, 2013).

4. Charles Dickens, *A Christmas Carol* (Nueva York: Bantam Classics, 1986), p. 78 [*Un cuento de Navidad* (Tennessee: BN Publishing, 2009)].

5. Neil Gaiman, *Coraline* (Barcelona, España: Publicaciones y Ediciones Salamandra, S.A., 2003), p. 6. La cita de G. K. Chesterton fue tomada de *Tremendous Trifles* (Londres: Forgotten Books, 2017), p. 130: «Los cuentos de hadas no les dan a los niños su primera idea de un fantasma. Lo que proporciona al niño es su primera idea clara de la posible derrota de un fantasma. El bebé ha conocido al dragón íntimamente desde la primera vez que tuvo una imaginación. El cuento de hadas le provee un San Jorge que mata al dragón.

6. La siguiente historia fue tomada de Rick Reilly, «Gainesville State High School Football Gets the Best Gift of All: Hope», ESPN.com, 12 mayo 2014, http://www.espn.com/espn/rickreilly/news/story?id=3789373.

Capítulo 13: Cuando las personas egoístas y sin gozo obstaculizan el camino

1. Usado con permiso.

2. Bob George, *Cristianismo clásico: La vida es demasiado breve para que uno pierda lo que ella tiene de valor* (Miami, FL: Unilit, 1994), p. 139.

Capítulo 14: Cuando los cristianos obstaculizan el camino

1. Mortimer Adler, citado en Paul E. Little, *Know Why You Believe* (Downers Grove, IL: InterVarsity, 2000), p. 22.

2. Francis Collins, *The Language of God: A Scientist Presents Evidence for Belief* (Nueva York: Free Press, 2006), p. 4. [¿Cómo habla Dios? (Barcelona: Ariel, 2016)].

3. Tomado de *Monty Python and The Holy Grail,* dir. Terry Gilliam y Terry Jones, EMI Films, 1975.

4. Collins, *The Language of God,* p. 59.

5. Collins, *The Language of God,* p. 3

Conclusión: cuando la culpa obstaculiza el camino

1. C. S. Lewis, *Mero cristianismo* (1952; Rayo-Harper Collins. Kindle Edition), loc. 948.

2. Dallas Willard, *The Divine Conspiracy* (San Francisco: HarperSanFrancisco, 1998, p. 329 [*La divina conspiración* (Buenos Aires, Argentina: Peniel, 2013)].

ACERCA DEL AUTOR

TIM HARLOW es el autor de *Life on Mission* y pastor principal de Parkview Christian Church, una de las iglesias más grandes y de rápido crecimiento en Estados Unidos. Ha pasado treinta años trabajando con personas que cargan las malas experiencias que vivieron en la iglesia. Él conoce lo que aleja a las personas y sabe que este Jesús de la Biblia es la única esperanza que los hace regresar. Tim y su esposa tienen su hogar en un suburbio al sur de Chicago.